[韩] 郑恩华 编著

左昭 译

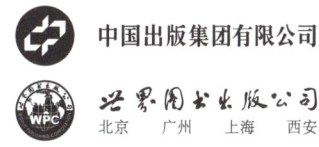

图书在版编目（CIP）数据

新TOPIK I 全真模拟与精解：初级 /（韩）郑恩华编著；左昭译. -- 北京：世界图书出版有限公司北京分公司，2025. 5. -- ISBN 978-7-5232-2082-5

Ⅰ．H55-44

中国国家版本馆CIP数据核字第2025BU6636号

2023 한국어능력시험 TOPIKⅠ（토픽Ⅰ）실전 모의고사
Copyright ⓒ 2023 Jeong Eunwha
All rights reserved.
First published in Korean by Sidaegosi
Simplified Chinese translation copyright ⓒ Beijing World Publishing Corporation, 2025
Published by arrangement with Sidaegosi through Arui SHIN Agency

书　　名	新TOPIK I 全真模拟与精解（初级）	
	XIN TOPIKI QUANZHEN MONI YU JINGJIE（CHUJI）	
编　　著	［韩］郑恩华	
译　　者	左　昭	
责任编辑	乔　伟	
责任校对	尹天怡	
出版发行	世界图书出版有限公司北京分公司	
地　　址	北京市东城区朝内大街137号	
邮　　编	100010	
电　　话	010-64038355（发行）　64033507（总编室）	
网　　址	http://www.wpcbj.com.cn	
邮　　箱	wpcbjst@vip.163.com	
销　　售	新华书店	
印　　刷	北京中科印刷有限公司	
开　　本	787 mm×1092 mm　1/16	
印　　张	14.75	
字　　数	355千字	
版　　次	2025年5月第1版	
印　　次	2025年5月第1次印刷	
版权登记	01-2023-4957	
国际书号	ISBN 978-7-5232-2082-5	
定　　价	49.80元（扫码听书）	

版权所有　翻印必究

（如发现印装质量问题，请与本公司联系调换）

前言

　　设立韩国语能力考试的目的有两个：一是为母语不是韩国语的学习者指明学习韩国语的方向，并扩大韩国语的普及范围；二是通过测评学习者的韩国语运用能力，为其赴韩国留学、就业等提供依据。一般来说，学习韩国语并顺利通过韩国语能力考试并不容易。要想在考试中取得好成绩，学习者需要明确自己的学习目标并付出巨大的努力。因此，为帮助学习者指明备考方向，进而确立韩国语学习的"坐标"，笔者编写了本书。近年来，韩国语能力考试中出现的词汇、素材、主题更加多样，并且考试中经常出现韩国的社会文化现象，所以并不是说学习了一本书就做好了应试准备。但本书能帮助学习者熟悉并把握韩国语能力考试的出题倾向，从而使其取得好成绩。

　　学习者可以这样使用本书：

　　本书中的模拟题与韩国语能力考试的试卷结构和题型完全一致。学习者可以按照正式考试的规定时间答题，熟悉实战的感觉，分析错题原因，仔细查看详解，从而弥补自己的不足。

　　本书中的模拟题不仅包括过去考试中经常出现的素材和主题，而且涉及以后出题概率较大的内容。对于不熟悉或不易理解的内容，学习者可以参考附录部分的"高频词汇"再次阅读。

　　初级词汇列表给出了单词的词性、意义和典型词组，学习者可以利用该表增加词汇量。

　　本书对2022年新增的口语考试进行了简单说明。学习者通过学习这一部分可以快速掌握口语考试题型。口语试题涉及简单的生活对话、社会热点等各方面的内容，学习者平时要坚持不懈地进行口语练习。

　　正如朝鲜王朝的世宗大王希望自己的国民都能轻松地说话、写字，我希望学习者都能轻松、高效地学习韩国语、备考韩国语能力考试，因此编写了本书。希望本书能帮助学习者取得好成绩！

郑恩华

TOPIK考试介绍

TOPIK，哪些人考？为什么要考？

母语不是韩国语的人

❶ 韩国语学习者和有赴韩留学意向者
❷ 有在韩国企业和公共机构就业意向者
❸ 现就读于或已毕业于韩国境外学校的韩国侨胞

求学 ▶
- 选拔由韩国政府邀请的外国留学生及对他们的学历进行认证
- 进入韩国的大学或研究生院学习并完成学业（毕业）
- 获得韩国境外大学韩国语相关专业的学分并毕业于该专业

就业 ▶
- 在韩国境内外企业及公共机构就业
- 在韩国国立国语院网站上进行韩国语教师资格审查时提交TOPIK（6级）成绩证明

移民 ▶
- 获得韩国永久居住权、工作签证等
- 按照TOPIK考试成绩参加相应阶段的社会统合项目[1]

2025年TOPIK考试日程

❶ 韩国境外和韩国的考试日程可能有所不同，请咨询当地报名机构。
❷ 考试日程可能会有所变更，请登录官方网站（topik.go.kr）确认。
❸ 在具备网络等条件的地方新设了机考。

类型	回数	报名时间	考试时间	成绩公布时间	考试地区
TOPIKI, TOPIKII PBT	第98回	2024.12.10（周二）～2024.12.16（周一）	2025.1.19（周日）	2025.2.27（周四）	韩国
	第99回	2025.2.11（周二）～2025.2.17（周一）	2025.4.13（周日）	2025.5.30（周五）	韩国境内外
	第100回	2025.3.11（周二）～2025.3.17（周一）	2025.5.11（周日）	2025.6.26（周四）	韩国
	第101回	2025.5.13（周二）～2025.5.19（周一）	2025.7.13（周日）	2025.8.21（周四）	韩国境内外
	第102回	2025.8.5（周二）～2025.8.11（周一）	2025.10.19（周日）	2025.12.11（周四）	韩国境内外
	第103回	2025.9.2（周二）～2025.9.8（周一）	2025.11.16（周日）	2025.12.23（周二）	韩国
TOPIKI, TOPIKII IBT	第5回	2024.12.17（周二）～2024.12.23（周一）	2025.2.22（周六）	2025.3.14（周五）	韩国境内外
	第6回	2025.1.14（周二）～2025.1.20（周一）	2025.3.22（周六）	2025.4.11（周五）	韩国境内外
	第7回	2025.4.15（周二）～2025.4.21（周一）	2025.6.14（周六）	2025.7.4（周五）	韩国境内外
	第8回	2025.7.15（周二）～2025.7.21（周一）	2025.9.13（周六）	2025.10.2（周四）	韩国境内外
	第9回	2025.8.26（周二）～2025.9.1（周一）	2025.10.25（周六）	2025.11.14（周五）	韩国境内外
	第10回	2025.9.23（周二）～2025.9.29（周一）	2025.11.29（周六）	2025.12.19（周五）	韩国境内外
TOPIK 口语	第7回	2025.1.14（周二）～2025.1.20（周一）	2025.3.22（周六）	2025.4.14（周一）	韩国
	第8回	2025.4.15（周二）～2025.4.21（周一）	2025.6.14（周六）	2025.7.7（周一）	韩国
	第9回	2025.8.26（周二）～2025.9.1（周一）	2025.10.25（周六）	2025.11.17（周一）	韩国

※ PBT指的是纸笔考试，而IBT指的是机考。中国大陆地区举办的是PBT第99回和PBT第102回。

---

1 该项目是韩国法务部认可的教育课程，是为申请韩国永久居住权、申请入韩国籍等的外国人设立的，共五个阶段。

TOPIK，如何考？

⬢ 准备物品

考试当日，考生必须携带本人准考证（照片等信息完整打印）、身份证原件（与报名信息一致的有效身份证件）进入考场。禁止考生携带手机等各类电子产品。请随时关注各考点进场要求，并按要求做好进场准备。另外，考生只能使用考试当日考场发放的双头电脑笔作答。

⬢ 日程

等级	进入考场时间	考试时间	测试内容	
TOPIK I	8:50 之前	9:10~10:50	听力	
			阅读	
TOPIK II	12:40 之前	13:00~16:10	1 卷	听力
				写作
			2 卷	阅读

※ 根据考试国家及考试当天考场的情况，考试日程可能会与上面的内容有所不同。

⬢ 注意事项

❶ 如果错过了进考场的时间，就无法进入考场参加考试。
❷ 考试期间，不能在桌子上摆放除准考证、身份证以外的任何物品。如果携带了禁止带入考场的物品（手机、耳机、电子词典等电子产品），须将其交给监考老师。
❸ 做听力题时，必须边听录音边涂答题卡。听力考试结束后没有专门涂答题卡的时间。需要注意的是在考TOPIK II的1卷时，听力考试期间只能做听力题，且写作考试期间只能做写作题，违者按作弊处理。

⬢ 涂答题卡的要领

❶ 不要弄脏答题卡，也不要在答题卡上乱涂乱画、做任何标记，以免影响阅卷结果。
❷ 只在试卷上作答，而没有涂答题卡时，成绩无效。
❸ 只能使用监考老师提供的双头电脑笔涂答题卡。
❹ 每道题只能选择一个答案，请使用电脑笔较粗的一头将该答案对应的数字涂黑。正确的涂卡方法见下图。

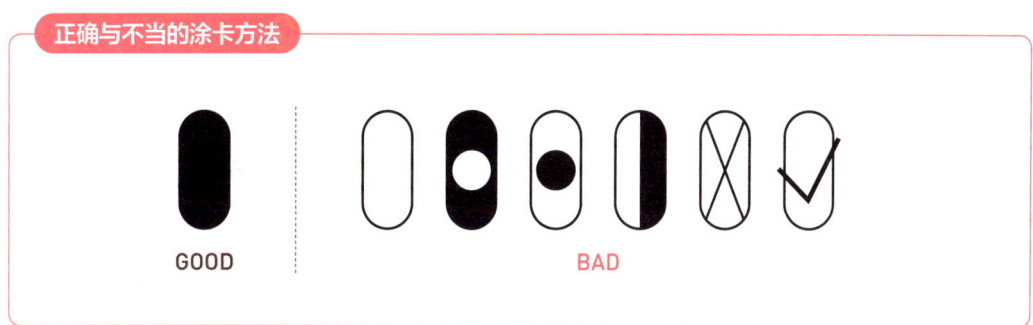

❺ 要在答题卡上准确填涂个人信息，具体方法如下：

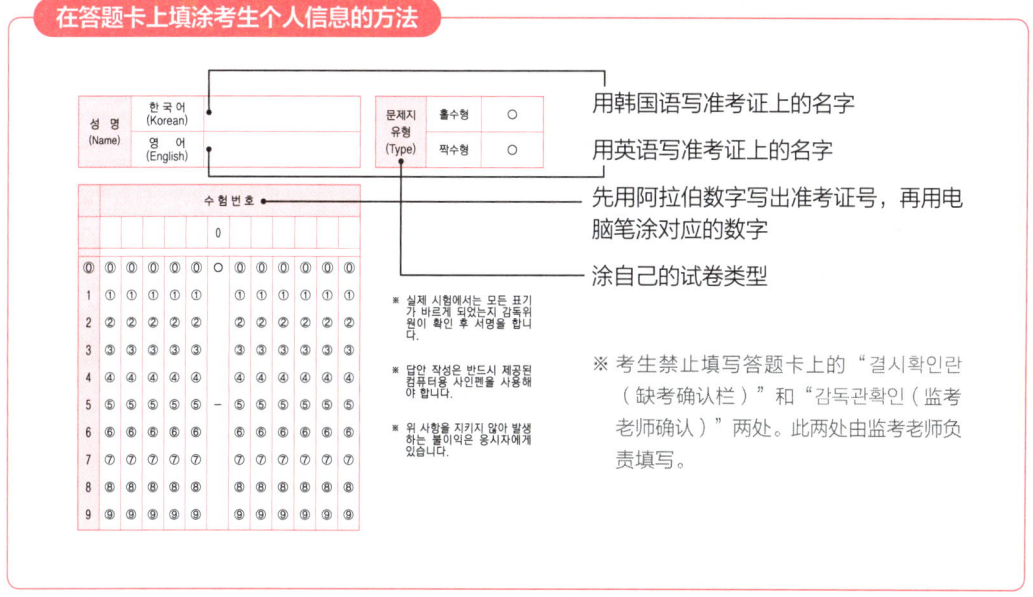

❻ 修改答案时，应用修正带将之前涂的答案完全覆盖，也可以举手申请换一张新的答题卡。
❼ 考试结束后将无法继续涂答题卡。不按照监考老师的指令提交答题卡者按作弊处理。
❽ 错误使用书写工具及不规范涂答题卡造成的所有后果皆由考生本人承担。

TOPIK，由哪些题型构成？

试题结构

等级	测试内容	题型	试题数量	分数分配	总分
TOPIK I	听力	选择题	30道	100分	200分
	阅读	选择题	40道	100分	
TOPIK II	听力	选择题	50道	100分	300分
	写作	书写题	4道	100分	
	阅读	选择题	50道	100分	

听力（TOPIK I）

题号		分值	听力原文的类型	题型
01～04	01	4分	短对话	选择正确答案
	02	4分		
	03	3分		
	04	3分		
05～06	05	4分	短对话	选择接下来会说的话
	06	3分		
07～10	07	3分	短对话	选择对话场所
	08	3分		
	09	3分		
	10	4分		
11～14	11	3分	短对话	选择话题
	12	3分		
	13	4分		
	14	3分		
15～16	15	4分	短对话	选择合适的图片
	16	4分		
17～21	17	3分	短对话	选择一致的内容
	18	3分		
	19	3分		
	20	3分		
	21	3分		
22～24	22	3分	短对话	选择中心思想
	23	3分		
	24	3分		
25～26	25	3分	媒体采访	选择意图、目的、理由
	26	4分		选择一致的内容
27～28	27	3分	长对话	选择话题
	28	4分		选择一致的内容
29～30	29	3分	长对话	选择意图、目的、理由
	30	4分		选择一致的内容

阅读（TOPIK I）

题号		分值	题目中文章的类型	题型
31~33	31	2分	短叙述文	选择主题
	32	2分		
	33	2分		
34~39	34	2分	短叙述文	选择适合填入空白处的内容
	35	2分		
	36	2分		
	37	3分		
	38	3分		
	39	2分		
40~42	40	3分	应用文	选择不一致的内容
	41	3分		
	42	3分		
43~45	43	3分	短叙述文	选择一致的内容
	44	2分		
	45	3分		
46~48	46	3分	短叙述文	选择中心思想
	47	3分		
	48	2分		
49~50	49	2分	随笔	选择适合填入空白处的内容
	50	2分		选择一致的内容
51~52	51	3分	说明文	选择适合填入空白处的内容
	52	2分		选择主要内容
53~54	53	2分	随笔	选择适合填入空白处的内容
	54	3分		选择一致的内容
55~56	55	2分	说明文	选择适合填入空白处的内容
	56	3分		选择一致的内容
57~58	57	3分	短文	选择正确的排列顺序
	58	2分		
59~60	59	2分	随笔	选择句子适合的位置
	60	3分		选择一致的内容
61~62	61	2分	随笔	选择适合填入空白处的内容
	62	2分		选择一致的内容
63~64	63	2分	媒体采访	选择意图、目的、理由
	64	3分		选择一致的内容
65~66	65	2分	说明文	选择适合填入空白处的内容
	66	3分		选择一致的内容
67~68	67	3分	说明文	选择适合填入空白处的内容
	68	3分		选择一致的内容
69~70	69	3分	随笔	选择适合填入空白处的内容
	70	3分		选择一致的内容

※ 根据实施机构和出题者的意图，题目、题型等可能会略有不同。

TOPIK，如何测评？

评定等级			测评标准
TOPIK I （满分200分）	1级	80分 及以上	• 基本上能够表达与日常生活相关的内容，如"做自我介绍""购物""点菜"等；能够理解和表达熟悉的话题，如"个人""家庭""爱好""天气"等 • 掌握大约800个基本词汇，具备基本的语法理解能力，能够利用这些词汇和语法造简单的句子 • 能够理解并写出与日常生活相关的简单且实用的句子
	2级	140分 及以上	• 在日常生活中，能够打电话、请人帮忙等，并能够使用邮局、银行等公共设施 • 掌握1500～2000个词汇，能够利用这些词汇，以段落为单位理解并表达个人熟悉的话题 • 能够区分使用正式场合用语和非正式场合用语
TOPIK II （满分300分）	3级	120分 及以上	• 在日常生活中感觉不到语言障碍，具备使用各种公共设施、维持社会关系所需要的基本语言能力 • 除了自己熟悉的具体话题外，还能够以段落为单位表达或理解自己熟悉的社会热点话题 • 能够理解口语和书面语的基本特征，并能够区分使用口语和书面语
	4级	150分 及以上	• 具备使用公共设施、维持社会关系所需要的语言能力，在一定程度上具备开展一般工作所需要的语言能力 • 能够理解新闻报道中的简单内容，能够准确地理解并流畅地表达一般的社会热点话题和抽象话题 • 能够理解并使用常用的表达方式，能够在了解韩国代表性文化的基础上理解并运用社会、文化方面的内容
	5级	190分 及以上	• 在一定程度上具备在专业领域进行研究或工作所需要的语言能力 • 能够理解并表达关于政治、经济、社会、文化等方面的不熟悉的话题 • 能够正确地区分并使用正式场合用语和非正式场合用语及口语和书面语
	6级	230分 及以上	• 能够比较准确、流畅地运用所掌握的语言在专业领域进行研究或工作 • 能够理解并表达关于政治、经济、社会、文化等方面的不熟悉的话题 • 虽然达不到韩国语母语者的水平，但是在工作实践及意思表达方面没有障碍

TOPIK机考介绍

⬢ 考试构成
❶ 机考过程中无休息时间。
❷ 考生应在考试开始前30分钟到达考场，并且在指定的电脑上登录。

等级	测试内容（时长）	题型	试题数量	分数分配	总分
TOPIK I	听力（40分钟）	选择题	30道题	200分	400分
	阅读（45分钟）	选择题	30道题	200分	
TOPIK II	听力（45分钟）	选择题	40道题	200分	600分
	阅读（55分钟）	选择题	40道题	200分	
	写作（50分钟）	书写题	3道题	200分	

⬢ 考试等级

等级	TOPIK I		TOPIK II			
	1级	2级	3级	4级	5级	6级
分数	132~207分	208~400分	204~261分	262~330分	331~411分	412~600分

⬢ 试题构成
❶ 选择题：从四个选项中选择一个
❷ 单词插入题：选择合适的单词插入空白处
❸ 句子插入题：选择给出的句子适合插入的位置
❹ 拖放题：用鼠标移动给出的句子，进行正确排序
❺ 句子完成题：在空白处输入正确答案完成句子
❻ 叙述题：围绕给出的主题写出符合字数要求的答案

注意事项

❶ 听力

　　屏幕会出现"대기 시간（待机时间）"和"풀이 시간（答题时间）"。一道题的答题时间结束后，画面会自动跳转到下一道题，这时考生将无法再做前面的题，因此考生一定要在答题时间内选出正确答案。

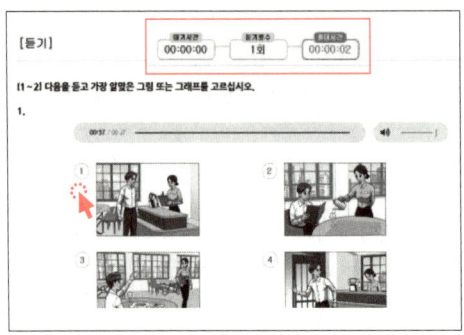

❷ 阅读

　　可以移动到前面或后面重新做题。考试结束前10分钟和5分钟分别会有提醒。考试结束后，电脑会自动提交答案。

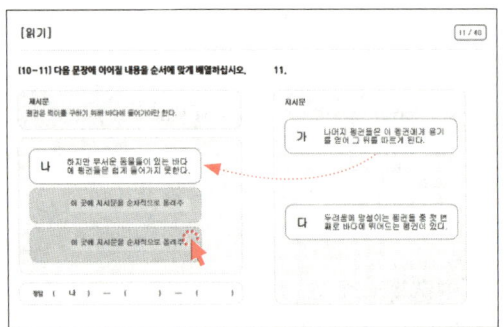

本书的构成和特点

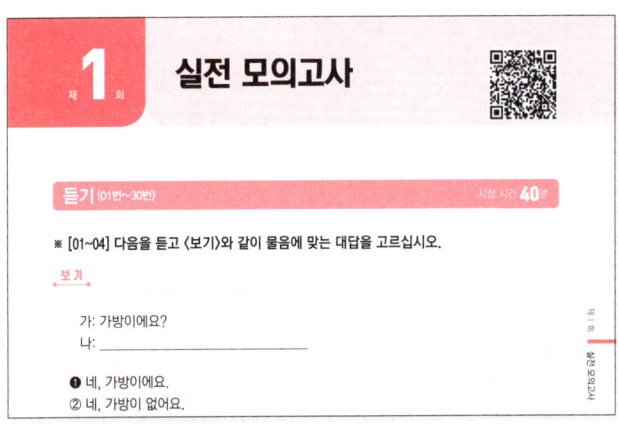

实战模拟题

▶ 根据TOPIK考试大纲和真题题型，给出四套全真模拟题。学习者可以通过做题检测自己在哪一部分存在不足，从而更好地备考TOPIK。

听力音频二维码

▶ 学习者用手机扫描二维码即可听取听力部分的音频。

答题卡

▶ 提供正式考试时使用的答题卡。学习者可以在规定的时间内做题涂卡，练习如何合理分配考试时间。

答案与解析

▶ 单独给出答案，方便学习者核对。对每道题进行详解，帮助学习者找出错题原因。听力部分附有听力原文，帮助学习者掌握听力内容。

高频词汇

▸ 列出本书四套实战模拟题中经常出现在正式考试中的词汇，给出其词性和中文意思。

TOPIK口语考试

▸ 简单介绍新增加的口语考试。针对六种考试题型，给出例题、参考答案和备考秘诀。

扫码获取
初级语法与词汇

初级语法与词汇

▸ 整理了大约100个初级语法点与2000个初级词汇。给出语法点的范畴、相关语法点和意义，列出词汇的词性、中文意思和常用词组。

TOPIK I，这样学！

⬢ 听力

　　听录音之前，考生要先快速浏览题目和选项，把握题型。先弄明白问的是什么，然后在听录音时集中精力听与问题相关的内容。特别是25～26题、27～28题、29～30题，要求听一段录音回答两个问题，考生切不可做完一道题后，等放另一段录音再做第二道题。

➡ 平时要多听各种类型的录音。要按照主题整理不会的单词和表达方式，并利用碎片时间反复学习。

⬢ 阅读

　　即使遇到陌生词汇，也不要慌张，要从整体上把握所给文章的内容。可以先浏览一下题目和选项，再有针对性地阅读文章内容，获取需要的信息。

➡ 平时即使遇到不认识的单词，也不要马上就查词典，可以先通过上下文推测一下单词的意思。另外，要多练习如何合理分配时间，确保可以在规定的考试时间内答完试卷。

目录 CONTENTS

PART 01　TOPIKⅠ 실전 모의고사 全真模拟题 ··· 1

한국어능력시험Ⅰ

제1회 실전 모의고사 ··· 3

한국어능력시험Ⅰ

제2회 실전 모의고사 ··· 35

한국어능력시험Ⅰ

제3회 실전 모의고사 ··· 67

한국어능력시험Ⅰ

제4회 실전 모의고사 ··· 99

PART 02　부록 附录 ·· 131

附录1　高频词汇 ·· 133

附录2　填字游戏 ·· 137

附录3　找错题 ·· 139

附录4　TOPIK口语考试 ··· 140

PART 01

TOPIK I 실전 모의고사
全真模拟题

扫描上方二维码
获取听力音频、
初级语法与词汇

- 홀수형 (Odd Number Type) -

한국어능력시험 I
제1회 실전 모의고사

Test of Proficiency in Korean I

The 1st actual mock test

듣기, 읽기 (Listening, Reading)

수험번호(Registration No.)		
이름 (Name)	한국어(Korean)	
	영어(English)	

유의 사항
Information

1. 시험 시작 지시가 있을 때까지 문제를 풀지 마십시오.
   Do not open the booklet until you are allowed to start.

2. 수험번호와 이름을 정확하게 적어 주십시오.
   Write your name and registration number on the answer sheet.

3. 답안지를 구기거나 훼손하지 마십시오.
   Do not fold the answer sheet; keep it clean.

4. 답안지의 이름, 수험번호 및 정답의 기입은 배부된 펜을 사용하여 주십시오.
   Use the given pen only.

5. 정답은 답안지에 정확하게 표시하여 주십시오.
   Mark your answer accurately and clearly on the answer sheet.

marking example	① ❷ ③ ④

6. 문제를 읽을 때에는 소리가 나지 않도록 하십시오.
   Keep quiet while answering the questions.

7. 질문이 있을 때에는 손을 들고 감독관이 올 때까지 기다려 주십시오.
   When you have any questions, please raise your hand.

제1회 실전 모의고사

듣기 (01번~30번)　　　　시험 시간 **40**분

※ [01~04] 다음을 듣고 〈보기〉와 같이 물음에 맞는 대답을 고르십시오.

보기

　가: 가방이에요?
　나: _____

　① 네, 가방이에요.
　② 네, 가방이 없어요.
　③ 아니요, 가방이 싸요.
　④ 아니요, 가방이 커요.

01　(4점)

　① 네, 모자를 해요.
　② 네, 모자가 있어요.
　③ 아니요, 모자를 안 사요.
　④ 아니요, 모자가 아니에요.

02　(4점)

　① 네, 옷이에요.
　② 네, 옷이 비싸요.
　③ 아니요, 옷이 좋아요.
　④ 아니요, 옷을 안 샀어요.

03 (3점)

① 두 번 봤어요.
② 토요일에 봤어요.
③ 극장에서 봤어요.
④ 친구하고 봤어요.

04 (3점)

① 한국어를 배워요.
② 열심히 공부해요.
③ 한국어가 어려워요.
④ 공부가 재미있어요.

※ [05~06] 다음을 듣고 〈보기〉와 같이 이어지는 말을 고르십시오.

보기

가: 안녕히 가세요.
나: _____

① 안녕하세요.
② 어서 오세요.
❸ 안녕히 계세요.
④ 여기 앉으세요.

05 (4점)

① 축하합니다.
② 고맙습니다.
③ 괜찮습니다.
④ 알겠습니다.

06 (3점)

① 잘 부탁합니다.
② 안녕히 주무세요.
③ 만나서 반갑습니다.
④ 잠깐만 기다려 주세요.

※ [07~10] 여기는 어디입니까? 〈보기〉와 같이 알맞은 것을 고르십시오.

보기

가: 무엇을 먹을까요?
나: 비빔밥을 먹읍시다.

① 병원　　　　　　❷ 음식점
③ 편의점　　　　　④ 미용실

07 (3점)

① 배　　　　　　　② 택시
③ 지하철　　　　　④ 비행기

08 (3점)

① 은행　　　　　　② 병원
③ 백화점　　　　　④ 미술관

09 (3점)

① 공원　　　　　　② 식당
③ 꽃집　　　　　　④ 학교

10 (4점)

① 약국　　　　　　② 극장
③ 서점　　　　　　④ 호텔

※ [11~14] 다음은 무엇에 대해 말하고 있습니까? 〈보기〉와 같이 알맞은 것을 고르십시오.

보기

가: 몇 시에 끝나요?
나: 두 시에 끝나요.

❶ 시간　　　　　　② 날짜
③ 나이　　　　　　④ 주소

11 (3점)

① 요일　　　　　　② 친구
③ 취미　　　　　　④ 쇼핑

12 (3점)

① 교통　　　　　　② 장소
③ 날씨　　　　　　④ 기분

13 (4점)

① 소개　　② 약속
③ 성격　　④ 가족

14 (3점)

① 날짜　　② 수업
③ 나이　　④ 주소

※ [15~16] 다음 대화를 듣고 가장 알맞은 그림을 고르십시오. (각 4점)

15

①

②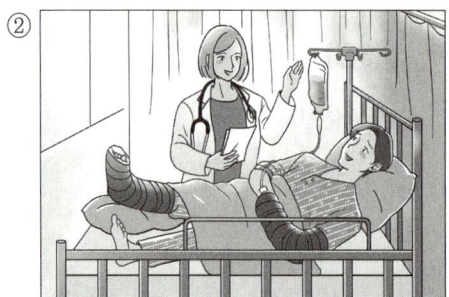

③

④

16 ① ②

③ ④

※ [17~21] 다음을 듣고 〈보기〉와 같이 대화 내용과 같은 것을 고르십시오. (각 3점)

보기

남자: 토요일에도 회사에 가요?
여자: 아니요, 토요일하고 일요일에는 집에서 쉬어요.

① 남자는 회사원입니다.
❷ 여자는 회사에 다닙니다.
③ 남자는 토요일에 일합니다.
④ 여자는 일요일에 회사에 갑니다.

17 ① 남자는 식당을 예약했습니다.
② 여자는 다음 주에 고향에 갑니다.
③ 남자는 여자와 같이 고향에 갑니다.
④ 여자는 저녁에 비행기를 탈 겁니다.

18
① 남자는 커피를 싫어합니다.
② 여자는 커피를 주문할 겁니다.
③ 남자는 주스를 마시려고 합니다.
④ 여자는 아침에 케이크를 먹었습니다.

19
① 남자는 회의에 못 갑니다.
② 여자는 회의 자료를 볼 겁니다.
③ 여자는 지금 회의를 시작하려고 합니다.
④ 남자는 인터넷으로 자료를 찾고 있습니다.

20
① 여자는 식당에서 일합니다.
② 남자는 식당에 간 적이 있습니다.
③ 여자는 서점의 위치를 잘 모릅니다.
④ 남자는 서점 옆에서 여자를 만날 것입니다.

21
① 여자는 아르바이트를 하고 있습니다.
② 여자는 놀이공원에 가는 것을 좋아합니다.
③ 남자는 놀이공원에서 일한 적이 있습니다.
④ 남자는 아직 아르바이트할 곳을 못 찾았습니다.

※ [22~24] 다음을 듣고 여자의 중심 생각을 고르십시오. (각 3점)

22
① 청소는 매일 해야 합니다.
② 일요일에는 푹 쉬어야 합니다.
③ 바쁘면 운동을 하지 않아도 됩니다.
④ 주말에도 운동을 좀 하는 게 좋습니다.

23
① 기다리려면 이름부터 써 놓아야 합니다.
② 식당 앞에서 오래 기다리고 싶지 않습니다.
③ 점심시간에는 식당을 이용하기가 힘듭니다.
④ 점심 식사는 30분 안에 끝내는 것이 좋습니다.

24
① 현금을 가지고 다니는 것은 불편합니다.
② 카드를 쓰는 사람이 많아지고 있습니다.
③ 카드를 사용하면 돈을 더 많이 쓰게 됩니다.
④ 현금이 있으면 카드를 안 가지고 다녀도 됩니다.

※ [25~26] 다음을 듣고 물음에 답하십시오.

25 여자가 왜 이 이야기를 하고 있는지 고르십시오. (3점)

① 대회 신청을 더 받으려고
② 대회 날짜를 알려 주려고
③ 신청 방법을 설명해 주려고
④ 대회 장소가 바뀌었기 때문에

26 들은 내용과 같은 것을 고르십시오. (4점)

① 참가 신청을 한 사람이 많습니다.
② 홈페이지에 대회 내용이 없습니다.
③ 내일까지 참가 신청을 할 수 있습니다.
④ 이 대회에는 학생들만 참가할 수 있습니다.

※ [27~28] 다음을 듣고 물음에 답하십시오.

27 두 사람이 무엇에 대해 이야기를 하고 있는지 고르십시오. (3점)

① 좋아하는 색
② 사고 싶은 옷
③ 옷을 살 수 있는 곳
④ 옷을 교환하는 방법

28 들은 내용과 같은 것을 고르십시오. (4점)

① 여자는 회사에서 남자를 만날 겁니다.
② 남자는 다음 주에 옷을 사려고 합니다.
③ 남자는 다른 색의 옷으로 바꾸고 싶어 합니다.
④ 여자는 우체국에 가서 남자에게 옷을 보낼 겁니다.

※ [29~30] 다음을 듣고 물음에 답하십시오.

29 남자가 힘들게 영화를 찍은 이유를 고르십시오. (3점)

① 영화가 너무 길어서
② 춥고 눈도 많이 와서
③ 구경하는 사람이 많아서
④ 영화제가 끝난 지 얼마 안 돼서

30 들은 내용과 같은 것을 고르십시오. (4점)

① 남자는 겨울을 좋아하지 않습니다.
② 남자는 극장에 가서 영화를 봤습니다.
③ 남자는 다른 배우들과 함께 상을 받았습니다.
④ 남자는 앞으로 산에서 영화를 찍게 될 것입니다.

읽기 (31번~70번) 시험 시간 **60**분

※ [31~33] 무엇에 대한 이야기입니까? 〈보기〉와 같이 알맞은 것을 고르십시오. (각 2점)

보기

> 저는 한국 사람입니다. 제임스 씨는 미국 사람입니다.

❶ 나라 　　　　　　　　　② 이름
③ 친구 　　　　　　　　　④ 나이

31

> 저는 바지를 자주 입습니다. 치마는 불편합니다.

① 일 　　　　　　　　　② 값
③ 옷 　　　　　　　　　④ 맛

32

> 어머니와 아버지는 부산에 계십니다. 두 분은 선생님입니다.

① 약속 　　　　　　　　② 여행
③ 방학 　　　　　　　　④ 부모님

33

> 비빔밥이 아주 맛있습니다. 불고기도 맛있습니다.

① 취미 　　　　　　　　② 음식
③ 쇼핑 　　　　　　　　④ 직업

※ [34~39]〈보기〉와 같이 (   )에 들어갈 가장 알맞은 것을 고르십시오.

보기

과일을 좋아합니다. 그래서 (   )을 샀습니다.

① 바람　　　　　　　　　② 연필
❸ 수박　　　　　　　　　④ 냉면

34 (2점)

지금 (   )에 갑니다. 오늘 비행기를 탑니다.

① 집　　　　　　　　　② 극장
③ 공항　　　　　　　　④ 여행사

35 (2점)

저는 밤 열한 시에 (   ). 아침 여섯 시에 일어납니다.

① 옵니다　　　　　　　② 봅니다
③ 잡니다　　　　　　　④ 만납니다

36 (2점)

집에서 회사가 좀 (   ). 한 시간쯤 걸립니다.

① 멉니다　　　　　　　② 큽니다
③ 많습니다　　　　　　④ 넓습니다

37 (3점)

> 오늘은 바쁩니다. (　　) 점심을 못 먹었습니다.

① 보통
② 아직
③ 가끔
④ 아마

38 (3점)

> 백화점에서 가방을 샀습니다. 구두(　　) 샀습니다.

① 는
② 도
③ 만
④ 와

39 (2점)

> 저는 그림을 좋아합니다. 어제는 공원에서 그림을 (　　).

① 썼습니다
② 했습니다
③ 찍었습니다
④ 그렸습니다

※ [40~42] 다음을 읽고 맞지 <u>않는</u> 것을 고르십시오. (각 3점)

40

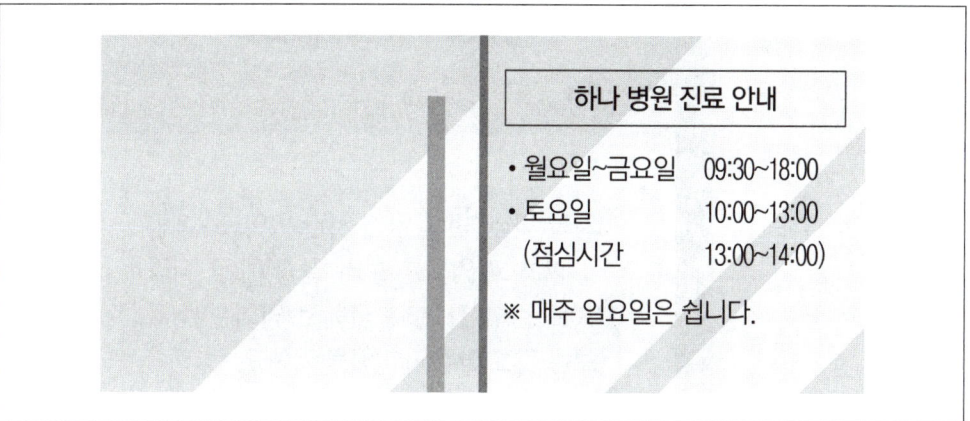

① 일요일에 문을 안 엽니다.
② 평일은 여섯 시에 끝납니다.
③ 점심시간은 한 시까지입니다.
④ 토요일은 30분 늦게 시작합니다.

41

① 마트에서 강아지를 잃어버렸습니다.
② 강아지는 사람들을 보면 좋아합니다.
③ 강아지와 오랫동안 같이 살았습니다.
④ 밤에 강아지 주인에게 연락해도 됩니다.

42

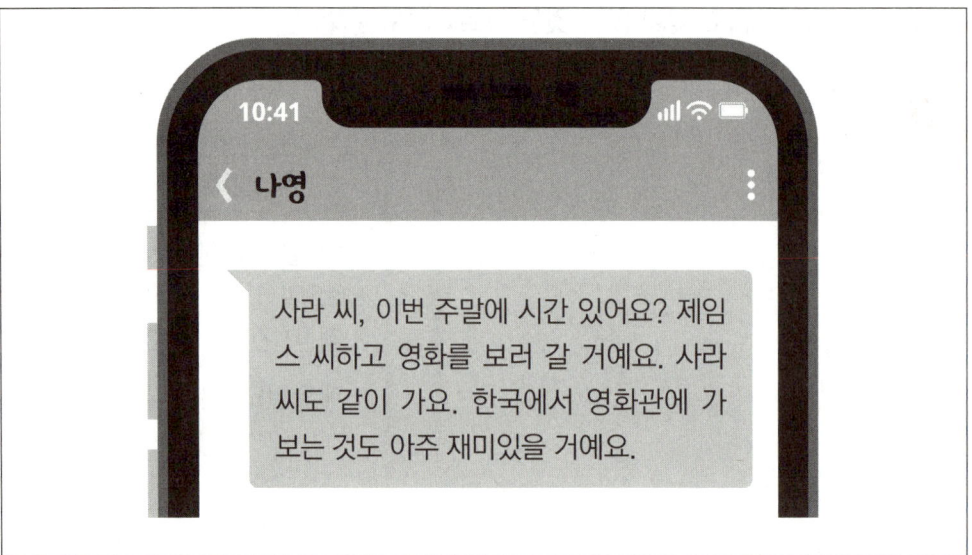

① 사라 씨가 문자 메시지를 받았습니다.
② 나영 씨는 극장에서 영화를 볼 겁니다.
③ 나영 씨는 주말에 제임스 씨를 만납니다.
④ 사라 씨는 지금 나영 씨와 함께 있습니다.

※ [43~45] 다음의 내용과 같은 것을 고르십시오.

43 (3점)

> 남편과 저는 모두 회사에 다닙니다. 그래서 집안일도 같이 합니다. 저녁에 집에 오면 남편은 청소를 하고 저는 식사 준비를 합니다.

① 저는 요리를 잘합니다.
② 저는 집에서 저녁을 먹습니다.
③ 남편은 집에서 회사 일을 합니다.
④ 남편은 집안일에 관심이 없습니다.

44 (2점)

> 저는 혼자 산에 오르는 것을 좋아합니다. 산에 가면 생각을 많이 할 수 있고 기분도 좋아집니다. 그래서 등산을 자주 하고 싶지만 시간이 없습니다.

① 저는 요즘 시간이 많습니다.
② 혼자 등산을 하면 위험합니다.
③ 저는 등산을 하는 것이 즐겁습니다.
④ 산에 올라가는 것은 너무 어렵습니다.

45 (3점)

> 오늘도 서울은 비가 많이 오겠습니다. 오후까지 내린 비는 밤이 되면 그치겠습니다. 그 후 내일부터 주말까지는 날씨가 맑겠습니다.

① 내일은 비가 오지 않을 겁니다.
② 오늘 밤에 비가 많이 올 겁니다.
③ 오늘 오후에는 날씨가 맑을 겁니다.
④ 서울에 오랜만에 비가 내릴 겁니다.

※ [46~48] 다음을 읽고 중심 생각을 고르십시오.

46 (3점)

> 저는 지난주에 새집으로 이사를 했습니다. 새집은 넓고 깨끗합니다. 지하철역과 시장도 가까워서 아주 편리합니다.

① 저는 지난주에 바빴습니다.
② 저는 새집이 마음에 듭니다.
③ 저는 지하철을 자주 이용합니다.
④ 저는 시장에 가는 것을 좋아합니다.

47 (3점)

> 제 고향은 제주도입니다. 열다섯 살 때까지 가족들과 함께 제주도에서 살았습니다. 지금은 서울에 혼자 있으니까 가족들도 보고 싶고 제주도 음식도 먹고 싶습니다.

① 저는 혼자 살고 싶습니다.
② 저는 제주도가 그립습니다.
③ 저는 가족들과 자주 만납니다.
④ 저는 서울 음식을 안 좋아합니다.

48 (2점)

> 저는 프랑스 사람입니다. 지금 한국어를 배우고 있는데 아주 재미있습니다. 시간이 있으면 중국어, 일본어, 베트남어 등도 배워 보고 싶습니다.

① 한국어 공부가 재미있습니다.
② 저는 여러 나라의 말을 배웁니다.
③ 한국어가 중국어보다 어렵습니다.
④ 저는 외국어 공부에 관심이 많습니다.

※ [49~50] 다음을 읽고 물음에 답하십시오. (각 2점)

> 저는 운전하는 것을 좋아합니다. 보통 퇴근 후나 주말에 운전을 해서 여기저기를 다닙니다. 다니면서 예쁜 경치가 (㉠) 내려서 구경도 합니다. 하지만 요즘에는 바빠서 그렇게 할 시간이 거의 없었습니다. 이번 주말에는 한가하니까 오랜만에 운전을 해서 좀 멀리 갔다 오려고 합니다.

49 ㉠에 들어갈 말로 가장 알맞은 것을 고르십시오.

① 보이면
② 보여도
③ 보이거나
④ 보이지만

50 윗글의 내용과 같은 것을 고르십시오.

① 저는 운전을 잘합니다.
② 저는 요즘 여행을 자주 합니다.
③ 저는 일이 끝난 후에 운전을 합니다.
④ 저는 운전을 하면서 경치도 구경합니다.

※ [51~52] 다음을 읽고 물음에 답하십시오.

> 세탁을 할 때는 보통 빨래의 종류에 맞추어 세제를 씁니다. (㉠) 너무 세제만 사용하면 옷감이 상할 수 있고 물도 많이 쓰게 됩니다. 그래서 가끔은 세탁기에 세제 대신 소금을 넣는 게 좋습니다. 소금을 조금 넣으면 옷의 색깔을 보호할 수 있고 더러워진 옷도 깨끗하게 만들 수 있습니다.

51 ㉠에 들어갈 말로 가장 알맞은 것을 고르십시오. (3점)

① 그러면
② 그리고
③ 그러나
④ 그러니까

52 무엇에 대한 내용인지 맞는 것을 고르십시오. (2점)

① 소금을 만드는 방법
② 소금을 먹어야 하는 이유
③ 빨래에 소금을 사용하는 순서
④ 빨래에 소금을 사용했을 때의 효과

※ [53~54] 다음을 읽고 물음에 답하십시오.

저는 얼마 전부터 화장품을 (㉠) 쓰고 있습니다. 제 피부에 좀 더 잘 맞는 화장품을 쓰고 싶었기 때문입니다. 인터넷을 보고 화장품을 만들어 봤는데 별로 어렵지 않았습니다. 또 이렇게 과일이나 채소 같은 자연 재료로 화장품을 만들어 쓰면 환경에도 도움이 된다고 합니다. 그래서 친구들한테도 화장품 만드는 것을 가르쳐 주려고 합니다.

53 ㉠에 들어갈 말로 가장 알맞은 것을 고르십시오. (2점)

① 잘 골라서
② 직접 만들어서
③ 다양하게 사서
④ 친구하고 바꿔서

54 윗글의 내용과 같은 것을 고르십시오. (3점)

① 저는 요즘 피부가 나빠졌습니다.
② 저는 화장품을 사용하지 않습니다.
③ 저는 과일이나 채소를 자주 먹습니다.
④ 저는 친구들과 함께 화장품을 만들어 볼 겁니다.

※ [55~56] 다음을 읽고 물음에 답하십시오.

요즘 집 안에서도 자연을 느끼고 싶어 하는 사람이 많아졌습니다. 그래서 집 안에 작은 정원을 만드는 게 유행이 됐습니다. 저도 거실 한쪽에 작은 정원을 만들었습니다. 거기에 여러 가지 화분들을 놓고 (㉠). 집 안에 정원이 있으니까 분위기가 밝아진 것 같습니다. 그리고 집 안의 공기도 더 맑아져서 가족들이 아주 좋아합니다.

55 ㉠에 들어갈 말로 가장 알맞은 것을 고르십시오. (2점)

① 키우고 있습니다
② 키우려고 합니다
③ 키우면 안 됩니다
④ 키운 적이 있습니다

56 윗글의 내용과 같은 것을 고르십시오. (3점)

① 우리 집 거실은 아주 작습니다.
② 저는 정원을 만드는 일을 합니다.
③ 집 안에는 큰 화분들을 놓기가 힘듭니다.
④ 정원으로 집의 분위기를 바꿀 수 있습니다.

※ [57~58] 다음을 순서대로 맞게 나열한 것을 고르십시오.

57 (3점)

> (가) 저는 커피를 아주 좋아합니다.
> (나) 보통 하루에 다섯 잔 정도를 마십니다.
> (다) 그래서 저녁을 먹은 후에는 커피를 마시지 않습니다.
> (라) 그런데 밤에 커피를 마시면 잠을 자기 힘들 때가 있습니다.

① (가)-(나)-(라)-(다)
② (가)-(라)-(나)-(다)
③ (나)-(가)-(다)-(라)
④ (나)-(다)-(가)-(라)

58 (2점)

> (가) 내복을 입으면 피부에도 좋습니다.
> (나) 그래서 가장 좋은 것은 내복을 입는 것입니다.
> (다) 겨울에는 몸을 따뜻하게 하기 위해 옷을 여러 개 입습니다.
> (라) 하지만 너무 덥게 입으면 땀이 나서 몸의 온도가 내려갈 수 있습니다.

① (가)-(나)-(다)-(라)
② (가)-(다)-(라)-(나)
③ (다)-(라)-(나)-(가)
④ (다)-(나)-(라)-(가)

※ [59~60] 다음을 읽고 물음에 답하십시오.

요즘은 늦은 밤까지 경복궁을 구경할 수 있습니다. (㉠) 경복궁은 밤에도 산책을 하기가 편하고 밤에 가면 아름다운 야경도 즐길 수 있습니다. (㉡) 야경이 아름다운 곳에서 한복을 입고 있으면 더 예쁘게 보이기 때문입니다. (㉢) 한복은 경복궁 근처에서 빌릴 수 있는데 한복을 입으면 경복궁에 무료로 들어갈 수 있습니다. (㉣) 그래서 밤에 한복을 입고 경복궁에서 데이트를 하거나 예쁜 사진을 찍는 사람을 많이 볼 수 있습니다.

59 다음 문장이 들어갈 곳으로 가장 알맞은 것을 고르십시오. (2점)

관광객들은 특히 한복을 입고 경복궁의 야경을 즐기는 것을 좋아합니다.

① ㉠
② ㉡
③ ㉢
④ ㉣

60 윗글의 내용과 같은 것을 고르십시오. (3점)

① 밤에만 경복궁을 구경할 수 있습니다.
② 한복을 입으면 입장료를 내지 않아도 됩니다.
③ 관광객들은 모두 한복을 입고 경복궁에 갑니다.
④ 경복궁 근처에 가면 예쁜 사진을 찍을 수 있습니다.

※ [61~62] 다음을 읽고 물음에 답하십시오. (각 2점)

> 저는 친구가 많습니다. 하지만 전에는 친구가 별로 없었습니다. 집 밖에 나가거나 사람들을 만나는 것을 싫어했기 때문입니다. 그런데 대학교에 들어간 후에 점점 다른 사람들과 함께 하는 재미를 알게 되었습니다. 어떤 것을 혼자 할 때보다 더 (㉠) 결과도 좋았습니다. 요즘은 집에서 혼자 보내는 시간이 많이 줄었습니다.

61 ㉠에 들어갈 말로 가장 알맞은 것을 고르십시오.

① 반갑고
② 즐겁고
③ 중요하고
④ 복잡하고

62 윗글의 내용과 같은 것을 고르십시오.

① 저는 친구들과 함께 삽니다.
② 친구들이 우리 집에 자주 옵니다.
③ 저는 대학교에서 처음 친구를 사귀었습니다.
④ 이제는 친구들과 어울리는 것이 아주 좋습니다.

※ [63~64] 다음을 읽고 물음에 답하십시오.

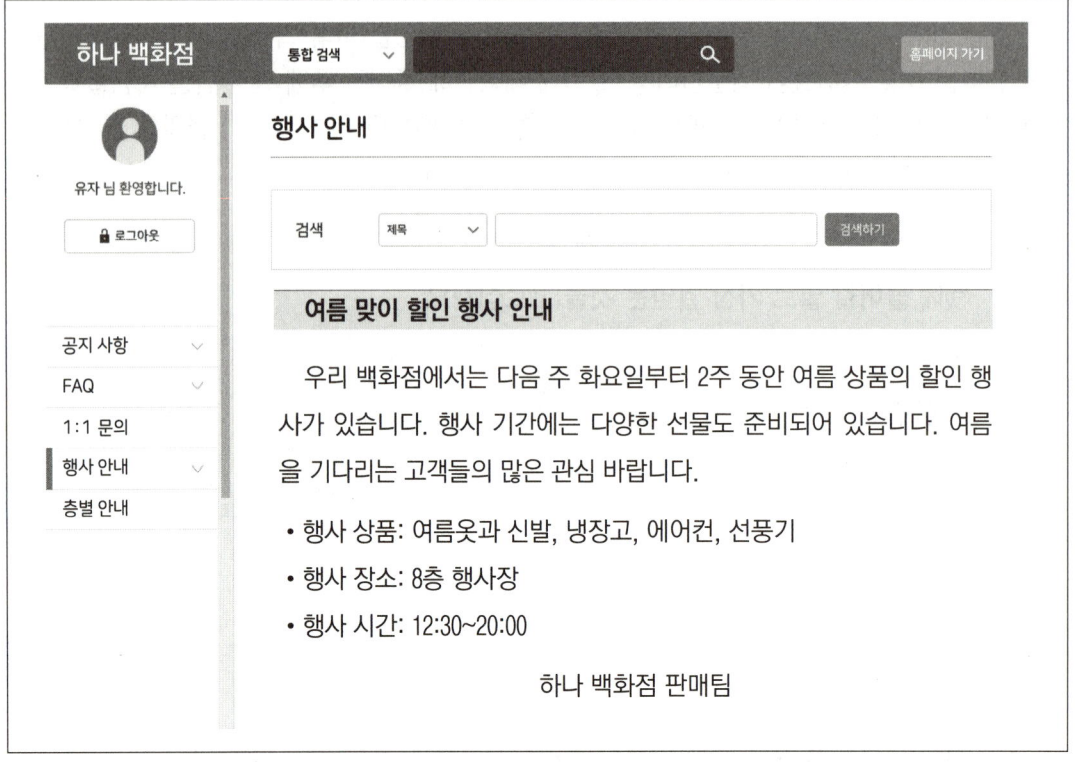

63 왜 윗글을 썼는지 맞는 것을 고르십시오. (2점)

① 행사 장소를 바꾸려고
② 행사 계획을 물어보려고
③ 행사 이유를 설명하려고
④ 행사 일정과 내용을 알리려고

64 윗글의 내용과 같은 것을 고르십시오. (3점)

① 일주일 동안 할인 행사를 할 겁니다.
② 할인 행사는 월요일에 시작할 겁니다.
③ 오전에는 할인 상품을 살 수 없습니다.
④ 행사 기간에는 가구도 싸게 살 수 있습니다.

※ [65~66] 다음을 읽고 물음에 답하십시오.

> 셔츠를 세탁하고 나서 다림질을 할 수 없거나 하기 귀찮을 때, 쉽게 해결할 수 있는 방법이 있습니다. 샤워를 한 뒤 셔츠를 욕실에 걸어 두는 것입니다. 이것은 여행 중이나 출장 중에도 사용할 수 있는 방법입니다. 또 셔츠를 욕실에 걸어 두면 냄새도 (㉠) 좋습니다. 다림질을 해야 할 치마나 바지 등에도 이 방법을 사용할 수 있습니다.

65 ㉠에 들어갈 말로 가장 알맞은 것을 고르십시오. (2점)

① 없어지지만
② 없어지려면
③ 없어지기 전에
④ 없어지기 때문에

66 윗글의 내용과 같은 것을 고르십시오. (3점)

① 샤워를 할 때 셔츠를 세탁하면 편리합니다.
② 셔츠는 세탁하기 전에 다림질을 하는 게 좋습니다.
③ 셔츠를 욕실에 걸어 두면 다림질을 안 해도 됩니다.
④ 여행이나 출장을 갈 때는 치마보다 바지가 편합니다.

※ [67~68] 다음을 읽고 물음에 답하십시오. (각 3점)

요즘 오래된 한옥에 서점이나 카페 등을 만드는 것을 많이 볼 수 있습니다. 한옥은 (㉠) 낡았지만 모양과 색이 아름다워서 인기가 많습니다. 그래서 사람들은 오래된 건물 안에서 책을 읽거나 차를 마시면서 특별한 분위기를 느끼고 싶어 하는 것 같습니다. 특히 그런 곳에는 한옥에 잘 어울리는 요즘 물건이나 가구들도 있습니다. 그래서 예쁜 사진을 찍으려고 찾아가는 사람도 많습니다.

67 ㉠에 들어갈 말로 가장 알맞은 것을 고르십시오.

① 옛날하고 달라서
② 지은 지 오래돼서
③ 수리를 자주 해서
④ 사람들이 많이 찾아가서

68 윗글의 내용과 같은 것을 고르십시오.

① 사람들은 한옥에서 특별한 분위기를 느낍니다.
② 한옥 서점이나 카페에는 옛날 물건만 있습니다.
③ 오래된 건물은 사람들한테 별로 인기가 없습니다.
④ 한옥 카페에 가면 예쁜 사진들을 볼 수 있습니다.

※ [69~70] 다음을 읽고 물음에 답하십시오. (각 3점)

저는 5년 전에 한국에 왔습니다. 처음에는 모든 게 새롭고 힘들었습니다. 하지만 지금은 제 고향처럼 한국이 편안해졌습니다. 한국 음식에도 대부분 익숙해졌습니다. 저는 특히 한국의 사계절이 아주 좋습니다. 이제 한국에서 지낼 수 있는 시간이 조금밖에 없는데 프랑스에 가면 꽃이 피는 봄과 단풍을 볼 수 있는 (㉠). 그런데 최근에는 이런 봄과 가을이 짧아지고 있는 것 같습니다. 물론 여름과 겨울도 좋지만 계절이 변하는 것을 느끼기 힘들어지는 것이 매우 아쉽습니다.

69 ㉠에 들어갈 말로 가장 알맞은 것을 고르십시오.

① 가을이 그리울 겁니다
② 시간이 부족할 겁니다
③ 사계절을 볼 수 없습니다
④ 장소에 가 보려고 합니다

70 윗글의 내용으로 알 수 있는 것을 고르십시오.

① 제 고향은 한국하고 비슷합니다.
② 저는 곧 프랑스로 돌아가야 합니다.
③ 프랑스에서는 한국 음식을 먹을 수 없습니다.
④ 저는 한국의 여름과 겨울을 좋아하지 않습니다.

– 홀수형 (Odd Number Type) –

한국어능력시험 I
제2회 실전 모의고사

Test of Proficiency in Korean I
The 2nd actual mock test

듣기, 읽기 (Listening, Reading)

수험번호(Registration No.)		
이름 (Name)	한국어(Korean)	
	영어(English)	

유의 사항
Information

1. 시험 시작 지시가 있을 때까지 문제를 풀지 마십시오.
   Do not open the booklet until you are allowed to start.

2. 수험번호와 이름을 정확하게 적어 주십시오.
   Write your name and registration number on the answer sheet.

3. 답안지를 구기거나 훼손하지 마십시오.
   Do not fold the answer sheet; keep it clean.

4. 답안지의 이름, 수험번호 및 정답의 기입은 배부된 펜을 사용하여 주십시오.
   Use the given pen only.

5. 정답은 답안지에 정확하게 표시하여 주십시오.
   Mark your answer accurately and clearly on the answer sheet.

   | marking example | ① ❷ ③ ④ |

6. 문제를 읽을 때에는 소리가 나지 않도록 하십시오.
   Keep quiet while answering the questions.

7. 질문이 있을 때에는 손을 들고 감독관이 올 때까지 기다려 주십시오.
   When you have any questions, please raise your hand.

제2회 실전 모의고사

듣기 (01번~30번)

시험 시간 **40**분

※ [01~04] 다음을 듣고 〈보기〉와 같이 물음에 맞는 대답을 고르십시오.

보기

가: 친구를 만나요?
나: _____

❶ 네, 친구를 만나요.
② 네, 친구가 아니에요.
③ 아니요, 친구예요.
④ 아니요, 친구를 좋아해요.

01 (4점)

① 네, 구두가 있어요.
② 네, 구두가 작아요.
③ 아니요, 구두가 많아요.
④ 아니요, 구두가 비싸요.

02 (4점)

① 네, 커피예요.
② 네, 커피가 없어요.
③ 아니요, 커피가 좋아요.
④ 아니요, 커피를 안 마셔요.

37

03 (3점)

① 자주 만나요.
② 주말에 만나요.
③ 식당에서 만나요.
④ 친구하고 쇼핑을 해요.

04 (3점)

① 책을 읽어요.
② 집에서 해요.
③ 저녁에 먹어요.
④ 정말 좋아해요.

※ [05~06] 다음을 듣고 〈보기〉와 같이 이어지는 말을 고르십시오.

보기

가: 처음 뵙겠습니다.
나: _____

① 괜찮습니다.
② 알겠습니다.
③ 고맙습니다.
❹ 반갑습니다.

05 (4점)

① 여기 있어요.
② 천천히 드세요.
③ 잘 먹겠습니다.
④ 처음 뵙겠습니다.

06 (3점)

① 고마워요.
② 괜찮아요.
③ 반가워요.
④ 좋겠어요.

※ [07~10] 여기는 어디입니까? 〈보기〉와 같이 알맞은 것을 고르십시오.

보기

가: 어떻게 오셨어요?
나: 비행기표를 사려고 하는데요.

① 가게　　　　　　　　② 은행
❸ 여행사　　　　　　　④ 신문사

07 (3점)
① 교실　　　　　　　　② 가게
③ 병원　　　　　　　　④ 서점

08 (3점)
① 회사　　　　　　　　② 호텔
③ 택시　　　　　　　　④ 극장

09 (3점)
① 편의점　　　　　　　② 지하철
③ 운동장　　　　　　　④ 백화점

10 (4점)

① 도서관 ② 미술관
③ 정류장 ④ 우체국

※ [11~14] 다음은 무엇에 대해 말하고 있습니까? 〈보기〉와 같이 알맞은 것을 고르십시오.

보기

가: 그거 매워요?
나: 네, 조금 매워요. 그렇지만 맛있어요.

① 집 ❷ 맛
③ 가격 ④ 성격

11 (3점)

① 장소 ② 요일
③ 직업 ④ 운동

12 (3점)

① 집 ② 일
③ 약속 ④ 가족

13 (4점)

① 계절　　　　　　② 이름
③ 계획　　　　　　④ 취미

14 (3점)

① 값　　　　　　② 맛
③ 선물　　　　　④ 나라

※ [15~16] 다음 대화를 듣고 가장 알맞은 그림을 고르십시오. (각 4점)

15 ①  ②

③  ④

16

※ [17~21] 다음을 듣고 〈보기〉와 같이 대화 내용과 같은 것을 고르십시오. (각 3점)

보기

남자: 바지를 샀어요?
여자: 아니요, 파란색 치마를 샀어요.

① 남자는 바지를 샀습니다.
❷ 여자는 치마를 샀습니다.
③ 남자는 파란색을 좋아합니다.
④ 여자는 남자한테 바지를 선물했습니다.

17
① 여자는 일찍 식당에 갑니다.
② 남자는 식당을 예약할 겁니다.
③ 남자는 집에서 요리를 합니다.
④ 여자는 오늘 집에서 쉴 겁니다.

18
① 남자는 15일 후에 이사할 겁니다.
② 여자는 지하철역 근처에 살고 있습니다.
③ 여자는 남자의 이사를 도와주려고 합니다.
④ 남자는 집을 못 구해서 걱정하고 있습니다.

19
① 남자는 병원에서 일합니다.
② 여자는 계속 몸이 좋지 않습니다.
③ 남자는 여자와 함께 퇴근할 겁니다.
④ 여자는 배가 아파서 약을 먹었습니다.

20
① 여자는 오전에 빵을 먹었습니다.
② 남자는 여자에게 빵을 줬습니다.
③ 남자는 오늘 빵을 두 개 팔았습니다.
④ 여자는 두 시쯤 새 빵을 살 수 있습니다.

21
① 여자는 자동차를 사려고 합니다.
② 남자는 운전 학원의 선생님입니다.
③ 여자는 요즘 운전 연습을 하고 있습니다.
④ 남자는 주말에 여자에게 차를 빌릴 것입니다.

※ [22~24] 다음을 듣고 여자의 중심 생각을 고르십시오. (각 3점)

22
① 옷 색깔이 기분에도 영향을 줍니다.
② 어머니들은 옷 선물을 제일 좋아합니다.
③ 옷을 고를 때에는 색깔부터 봐야 됩니다.
④ 요즘은 옷을 잘 입는 사람이 인기가 많습니다.

23
① 결혼식을 빨리 끝내고 싶습니다.
② 남자가 식사를 하고 가면 좋겠습니다.
③ 남자에게 결혼 소식을 꼭 전해야 됩니다.
④ 결혼식에 손님을 많이 초대할 필요는 없습니다.

24
① 필통은 사서 쓸 필요가 없습니다.
② 상자는 여러 가지로 사용할 수 있습니다.
③ 선물로 받은 것을 그냥 버리면 안 됩니다.
④ 물건을 안 버리고 다시 쓰는 게 좋습니다.

※ [25~26] 다음을 듣고 물음에 답하십시오.

25 여자가 왜 이 이야기를 하고 있는지 고르십시오. (3점)
① 열차의 시설들을 소개하려고
② 열차 이용 방법을 안내하려고
③ 현재 열차의 위치를 설명하려고
④ 열차의 수리 상황을 알려 주려고

26 들은 내용과 같은 것을 고르십시오. (4점)

① 오늘은 열차를 이용할 수 없습니다.
② 수리가 끝나면 열차표를 다시 사야 합니다.
③ 열차는 문을 수리한 후에 출발할 것입니다.
④ 승객들이 전화를 하려면 열차에서 내려야 합니다.

※ [27~28] 다음을 듣고 물음에 답하십시오.

27 두 사람이 무엇에 대해 이야기를 하고 있는지 고르십시오. (3점)

① 사진을 잘 찍는 방법
② 겨울 등산 때 준비해야 할 것
③ 겨울에 등산을 하면 좋은 이유
④ 등산을 좋아하는 사람들의 특징

28 들은 내용과 같은 것을 고르십시오. (4점)

① 남자는 날씨가 추울 때에도 산에 갑니다.
② 여자는 겨울에 등산하는 것을 좋아합니다.
③ 남자는 눈을 보려고 겨울에 등산을 합니다.
④ 여자는 오늘 등산할 때 입을 옷을 살 겁니다.

※ [29~30] 다음을 듣고 물음에 답하십시오.

29 남자가 영화에 전통 놀이를 넣은 이유를 고르십시오. (3점)

① 평소에도 전통 놀이에 관심이 많았기 때문에
② 영화의 주인공들이 전통 놀이를 좋아하기 때문에
③ 한국의 다양한 전통 문화를 알리고 싶었기 때문에
④ 다른 영화에 안 나오는 것을 보여 주고 싶었기 때문에

30 들은 내용과 같은 것을 고르십시오. (4점)

① 남자는 요즘 전통 놀이를 자주 합니다.
② 남자는 새로운 영화를 준비하고 있습니다.
③ 남자는 전통 놀이가 많이 알려져서 기분이 좋습니다.
④ 남자는 젊은 사람들과 함께 영화를 만들고 싶어 합니다.

읽기 (31번~70번)　　　　　시험 시간 **60**분

※ [31~33] 무엇에 대한 이야기입니까? 〈보기〉와 같이 알맞은 것을 고르십시오. (각 2점)

보기

> 저는 중국에서 왔습니다. 중국 사람입니다.

① 가족　　② 이름
❸ 나라　　④ 나이

31
> 지금은 밤입니다. 11시입니다.

① 나이　　② 시간
③ 주말　　④ 계절

32
> 집 앞에 은행이 있습니다. 병원도 있습니다.

① 장소　　② 쇼핑
③ 직업　　④ 여행

33
> 생일에 가방을 받았습니다. 가방이 아주 예뻤습니다.

① 계획　　② 휴일
③ 취미　　④ 선물

※ [34~39] 〈보기〉와 같이 ( )에 들어갈 가장 알맞은 것을 고르십시오.

보기

오늘은 바쁩니다. ( )이 없습니다.

① 일　　　　　　　　　❷ 시간
③ 사람　　　　　　　　④ 계획

34 (2점)

극장에 갑니다. 영화를 ( ).

① 씁니다　　　　　　　② 봅니다
③ 앉습니다　　　　　　④ 만납니다

35 (2점)

배가 아픕니다. 그래서 ( )을 먹습니다.

① 책　　　　　　　　　② 컵
③ 약　　　　　　　　　④ 밥

36 (2점)

저는 치마는 안 입습니다. 바지( ) 입습니다.

① 만　　　　　　　　　② 의
③ 도　　　　　　　　　④ 와

37 (3점)

> 저는 산책을 좋아합니다. 그래서 공원에 (   ) 갑니다.

① 늦게　　　　　　　　② 아주
③ 제일　　　　　　　　④ 자주

38 (3점)

> 시험 점수가 나쁩니다. 시험이 (   ).

① 컸습니다　　　　　　② 작았습니다
③ 어려웠습니다　　　　④ 재미없었습니다

39 (2점)

> 언니의 결혼식입니다. 가족들과 함께 사진을 (   ).

① 배웁니다　　　　　　② 찍습니다
③ 보냅니다　　　　　　④ 만듭니다

※ [40~42] 다음을 읽고 맞지 않는 것을 고르십시오. (각 3점)

40

① 박물관에서 공연을 봅니다.
② 한 달 동안 공연을 합니다.
③ 일요일에도 공연이 있습니다.
④ 오전에는 공연을 볼 수 없습니다.

41

① 가격은 이천 원입니다.
② 어머니가 만들었습니다.
③ 2분 동안 데워서 먹습니다.
④ 따뜻하게 먹을 수 있습니다.

42

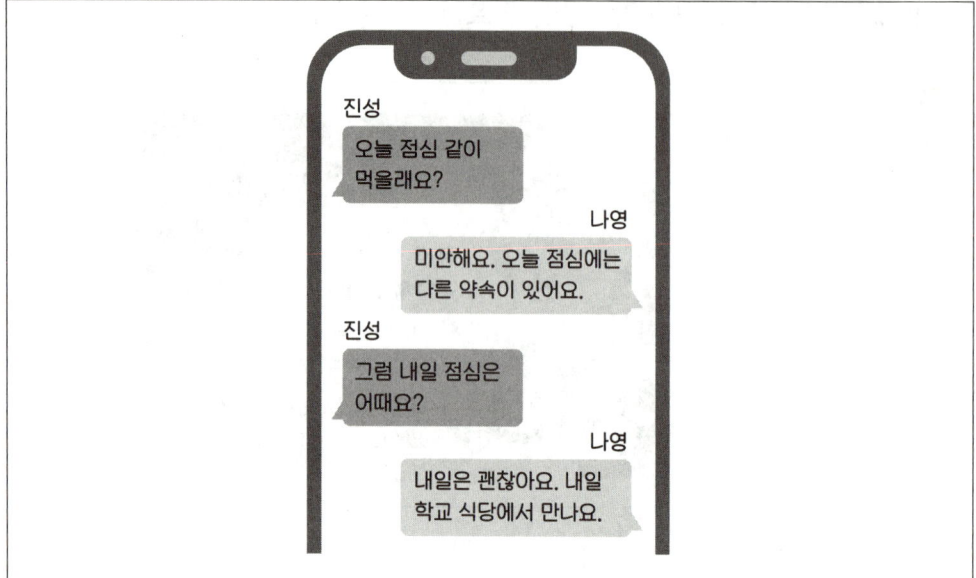

① 진성 씨가 먼저 메시지를 보냈습니다.
② 진성 씨와 나영 씨는 내일 만날 겁니다.
③ 나영 씨는 오늘 점심을 안 먹을 겁니다.
④ 나영 씨는 진성 씨를 식당에서 만나려고 합니다.

※ [43~45] 다음의 내용과 같은 것을 고르십시오.

43 (3점)

> 친구가 어제 이사를 했습니다. 저는 친구의 이사를 도와주었습니다. 이사가 끝나고 친구와 함께 한국 음식을 먹었습니다.

① 저는 어제 친구 집에 갔습니다.
② 저는 친구에게 새집을 소개했습니다.
③ 저는 친구에게 이사 선물을 주었습니다.
④ 저는 친구와 한국 음식을 만들었습니다.

44 (2점)

> 백화점에서 카드를 만들었습니다. 이 카드가 있으면 5% 싸게 살 수 있습니다. 이 카드로 10만 원 이상 사면 비누와 휴지 등도 받을 수 있습니다.

① 백화점에서 카드를 샀습니다.
② 백화점 카드로 사면 싸게 살 수 있습니다.
③ 백화점에서는 꼭 카드를 사용해야 합니다.
④ 백화점 카드를 만들려면 10만 원이 필요합니다.

45 (3점)

> 저는 한 시간쯤 걸어서 출근을 합니다. 좀 힘들지만 회사에 도착하면 기분이 좋습니다. 또 걸으면서 건물들을 구경하는 것도 재미있습니다.

① 저는 걷는 것을 좋아하지 않습니다.
② 걷기 전에는 기분이 아주 좋습니다.
③ 회사까지 버스로 한 시간쯤 걸립니다.
④ 걷는 동안 여러 건물을 구경할 수 있습니다.

※ [46~48] 다음을 읽고 중심 생각을 고르십시오.

46 (3점)

> 저는 오늘 시장에 갔습니다. 시장에 가면 아주머니들과 이야기도 할 수 있고 맛있는 음식도 먹을 수 있습니다. 그래서 저는 시장에 자주 갑니다.

① 저는 매일 시장에 갑니다.
② 저는 시장에 가는 것을 좋아합니다.
③ 저는 아주머니들과 자주 이야기를 합니다.
④ 저는 맛있는 음식을 먹으러 시장에 갑니다.

47 (3점)

> 저는 가구 회사에서 일하고 있습니다. 가구를 만드는 일이 아주 재미있습니다. 회사 사람들도 친절해서 저는 이 회사에서 오랫동안 일하고 싶습니다.

① 저는 가구에 관심이 많습니다.
② 저는 오랫동안 가구를 만들었습니다.
③ 저는 이 회사에 계속 다니면 좋겠습니다.
④ 저는 친절한 사람들과 일을 해 보고 싶습니다.

48 (2점)

> 저는 운동을 아주 좋아합니다. 고향에서도 매일 운동을 했습니다. 운동을 하면 몸도 건강해지고 걱정도 없어지는 것 같습니다.

① 저는 잘하는 운동이 많습니다.
② 빨리 고향에 돌아가고 싶습니다.
③ 매일 운동을 하는 것은 힘든 일입니다.
④ 운동을 하면 여러 가지로 도움이 됩니다.

※ [49~50] 다음을 읽고 물음에 답하십시오. (각 2점)

> 기차를 타고 여행을 하는 것은 정말 재미있습니다. 특히 기차역에 내리면 그곳 사람들의 생활 모습을 볼 수 있어서 좋습니다. 또 그곳의 유명한 음식을 파는 가게도 있습니다. 기차 여행을 할 때에는 (㉠) 책을 준비하는 것도 좋습니다. 그러면 더 즐거운 여행이 될 겁니다.

49 ㉠에 들어갈 말로 가장 알맞은 것을 고르십시오.

① 내용이 쉬운
② 기차 이야기가 있는
③ 기차 안에서 읽을 수 있는
④ 다른 사람에게 줄 수 있는

50 윗글의 내용과 같은 것을 고르십시오.

① 기차역에서 음식을 먹을 수 있습니다.
② 여행을 할 때에는 기차를 타야 합니다.
③ 책이 없으면 기차 여행도 즐겁지 않습니다.
④ 기차역에서 유명한 사람도 만날 수 있습니다.

※ [51~52] 다음을 읽고 물음에 답하십시오.

냉면에 식초를 넣으면 더 맛있게 먹을 수 있습니다. (㉠) 식당에서 냉면을 주문하면 항상 식초를 같이 줍니다. 그런데 식초는 많은 곳에 도움이 됩니다. 식초는 옷을 빨 때에도 사용할 수 있습니다. 특히 하얀색 옷을 빨 때 마지막에 식초를 조금 넣으면 옷의 색이 변하지 않습니다.

51 ㉠에 들어갈 말로 가장 알맞은 것을 고르십시오. (3점)

① 그러나
② 그래서
③ 그러면
④ 그렇지만

52 무엇에 대한 내용인지 맞는 것을 고르십시오. (2점)

① 식초의 종류
② 식초를 만드는 방법
③ 식초가 필요한 음식
④ 식초를 사용할 수 있는 곳

※ **[53~54] 다음을 읽고 물음에 답하십시오.**

> 혼자 사는 사람들은 음식 재료를 살 때 불편한 게 많습니다. 포장되어 있는 음식 재료의 양이 너무 많기 때문입니다. 혼자 살면 많은 양이 필요 없습니다. 그런데 보통 마트에 가면 과일이나 채소 등을 한두 개만 살 수는 없습니다. 많이 사면 사 놓은 재료가 남아서 버릴 때가 많으니까 (㉠) 양도 포장해서 팔았으면 좋겠습니다.

53 ㉠에 들어갈 말로 가장 알맞은 것을 고르십시오. (2점)

① 적은
② 짧은
③ 건강한
④ 신선한

54 윗글의 내용과 같은 것을 고르십시오. (3점)

① 요리를 못 하면 혼자 살 수 없습니다.
② 포장되어 있는 음식 재료는 사면 안 됩니다.
③ 혼자 사는 사람들은 마트에 갈 시간이 없습니다.
④ 마트에서는 과일을 한두 개씩 포장해 놓지 않습니다.

※ [55~56] 다음을 읽고 물음에 답하십시오.

> 저는 집에서 고양이를 키웁니다. 처음에는 한 마리만 키웠는데 지금은 세 마리를 키우고 있습니다. 고양이를 키우니까 집안일이 더 많아진 것 같습니다. 그래서 어머니는 고양이 키우는 것을 별로 좋아하지 않으십니다. 하지만 저는 고양이 때문에 힘들 때보다 (㉠) 고양이를 계속 키우고 싶습니다.

55 ㉠에 들어갈 말로 가장 알맞은 것을 고르십시오. (2점)

① 바쁜 때가 생겨서
② 함께 놀고 싶어서
③ 기쁠 때가 많아서
④ 조용한 것이 좋아서

56 윗글의 내용과 같은 것을 고르십시오. (3점)

① 저는 집안일을 많이 합니다.
② 고양이가 있으면 할 일이 더 많습니다.
③ 고양이는 오랫동안 키우기가 어렵습니다.
④ 어머니는 고양이를 키우고 싶어 하십니다.

※ [57~58] 다음을 순서대로 맞게 나열한 것을 고르십시오.

57 (3점)

> (가) 그래서 우산을 그냥 계속 손에 들고 다녔습니다.
> (나) 아침에 비가 올 것 같아서 우산을 가지고 나왔습니다.
> (다) 우산을 들고 다니니까 여러 가지 불편한 것이 많았습니다.
> (라) 하지만 저녁때까지 비가 안 와서 우산이 필요 없었습니다.

① (나)-(다)-(라)-(가)
② (나)-(라)-(가)-(다)
③ (다)-(가)-(라)-(나)
④ (다)-(나)-(가)-(라)

58 (2점)

> (가) 그런데 한 시간 이상 앉아 있는 것은 좋지 않습니다.
> (나) 허리와 다리 건강에 문제가 생길 수 있기 때문입니다.
> (다) 회사에서 일을 할 때 보통 긴 시간 의자에 앉아 있게 됩니다.
> (라) 건강을 지키려면 한 시간에 한 번씩 일어나서 움직여야 됩니다.

① (가)-(나)-(다)-(라)
② (가)-(다)-(라)-(나)
③ (다)-(가)-(나)-(라)
④ (다)-(라)-(가)-(나)

※ [59~60] 다음을 읽고 물음에 답하십시오.

> 우리 동네는 겨울에 눈이 아주 많이 옵니다. (㉠) 집밖에 나가기가 힘들 정도로 눈이 많이 올 때도 있습니다. (㉡) 그래서 일주일 정도는 학교에도 못 가고 집에서 인터넷으로 수업을 들었습니다. (㉢) 눈이 오는 풍경은 정말 아름답지만 눈 때문에 생활이 불편해지는 것은 싫습니다. (㉣)

59 다음 문장이 들어갈 곳으로 가장 알맞은 것을 고르십시오. (2점)

> 작년에도 한 달 동안 계속 눈이 왔습니다.

① ㉠
② ㉡
③ ㉢
④ ㉣

60 윗글의 내용과 같은 것을 고르십시오. (3점)

① 저는 눈이 오는 풍경을 좋아합니다.
② 저는 눈이 오면 밖에 나가지 않습니다.
③ 눈이 많이 오면 인터넷을 사용할 수 없습니다.
④ 눈이 많이 올 때에도 생활에는 문제가 없습니다.

※ [61~62] 다음을 읽고 물음에 답하십시오. (각 2점)

저는 사람들 앞에서 말할 때 긴장을 많이 하는 편입니다. 말을 하는 동안 땀이 너무 많이 나서 옷이 다 젖은 적도 있습니다. 그런데 친구가 가르쳐 준 방법 덕분에 요즘은 그런 일이 점점 (㉠) 있습니다. 말을 하기 전에 몇 번 숨을 크게 쉰 후 가볍게 몸을 움직이면서 입 운동도 좀 합니다. 그러면 말을 할 때 긴장이 많이 되지는 않습니다.

61 ㉠에 들어갈 말로 가장 알맞은 것을 고르십시오.

① 좋아지고
② 빨라지고
③ 적어지고
④ 어려워지고

62 윗글의 내용과 같은 것을 고르십시오.

① 저는 말하기 연습을 할 때 긴장합니다.
② 저는 사람들 앞에서 말하기 연습을 했습니다.
③ 저는 사람들 앞에서 말할 때 옷에 신경을 씁니다.
④ 저는 요즘 좀 더 편하게 말할 수 있게 되었습니다.

※ [63~64] 다음을 읽고 물음에 답하십시오.

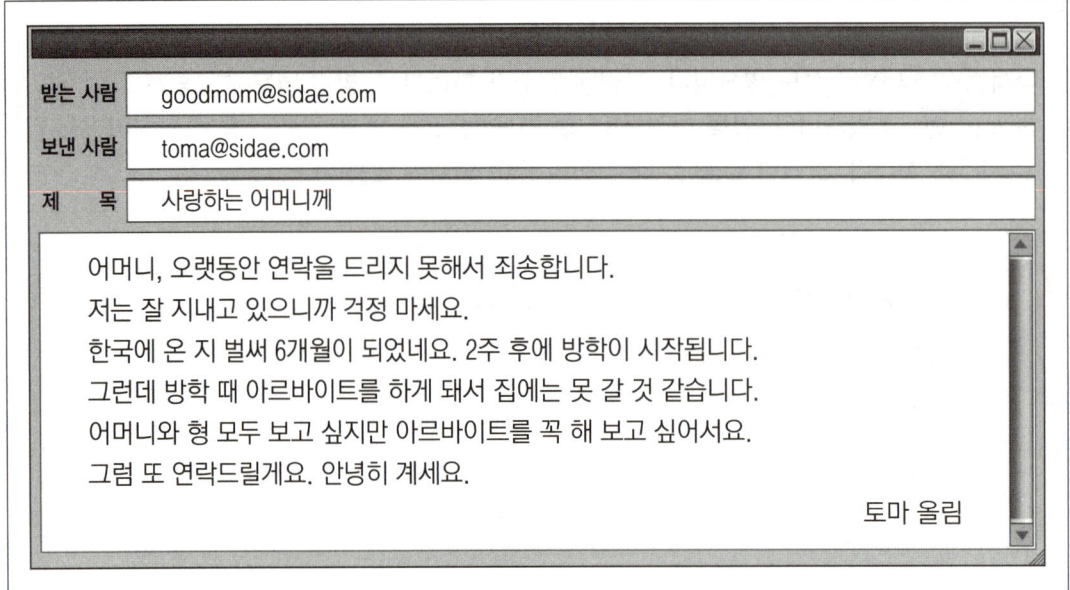

63 왜 윗글을 썼는지 맞는 것을 고르십시오. (2점)

① 어머니를 한국에 초대하고 싶어서
② 형의 유학 생활에 대해 알고 싶어서
③ 형에게 아르바이트를 부탁하고 싶어서
④ 어머니에게 방학 계획을 이야기하고 싶어서

64 윗글의 내용과 같은 것을 고르십시오. (3점)

① 형은 토마 씨와 함께 지내고 있습니다.
② 토마 씨는 반 년 전에 한국에 왔습니다.
③ 토마 씨는 요즘 아르바이트를 하고 있습니다.
④ 어머니는 방학 때 토마 씨를 만나러 올 겁니다.

※ [65~66] 다음을 읽고 물음에 답하십시오.

　　보통 세수를 할 때에는 비누를 사용합니다. 그런데 피부가 건조한 사람이라면 매번 비누를 사용하는 것은 좋지 않습니다. 물론 저녁에는 비누를 사용해서 얼굴을 깨끗하게 씻어 주어야 하지만 아침에는 비누 없이 세수를 하는 것이 피부에 더 도움이 됩니다. 비누를 사용하면 건조한 피부를 더 건조하게 만들 수 있기 때문입니다. 그리고 세수를 (㉠) 얼굴에 남아 있는 물도 수건으로 그냥 가볍게 닦아 주는 것이 좋습니다.

65 ㉠에 들어갈 말로 가장 알맞은 것을 고르십시오. (2점)

　　① 하려고
　　② 하거나
　　③ 하고 나서
　　④ 하는 동안에

66 윗글의 내용과 같은 것을 고르십시오. (3점)

　　① 아침에는 세수를 하지 않는 것이 좋습니다.
　　② 피부가 건조한 사람은 수건을 사용하면 안 됩니다.
　　③ 피부에 도움이 되는 비누를 잘 골라서 써야 합니다.
　　④ 피부가 건조하다면 저녁에만 비누를 쓰는 것이 좋습니다.

※ [67~68] 다음을 읽고 물음에 답하십시오. (각 3점)

> 보통 학교나 회사 등에서 가장 더러운 곳은 화장실입니다. 자기 책상이나 방은 깨끗하게 사용하는 사람들도 화장실에 가면 (㉠). 특히 학교나 회사의 화장실은 자신이 직접 청소를 하지 않아도 됩니다. 또 더러우면 다른 화장실을 사용해도 됩니다. 그래서 쓰레기통이 아닌 곳에 쓰레기를 버리고 화장실 문이나 벽에 그림을 그리는 사람도 있습니다.

67 ㉠에 들어갈 말로 가장 알맞은 것을 고르십시오.

① 나오려고 합니다
② 달라지기 쉽습니다
③ 바꾸기로 했습니다
④ 버리기 시작했습니다

68 윗글의 내용과 같은 것을 고르십시오.

① 보통 학교나 회사의 화장실은 자신이 청소를 합니다.
② 학교나 회사에서는 여러 화장실을 사용하면 안 됩니다.
③ 화장실 문이나 벽에 그림이 있으면 더 깨끗해 보입니다.
④ 화장실은 매일 사용하는 장소 중에 가장 더러운 곳입니다.

※ [69~70] 다음을 읽고 물음에 답하십시오. (각 3점)

우리 부부는 일 년 전에 제주도로 이사를 왔습니다. 제주도에 오기 전에 저와 아내는 서울에서 회사에 다녔습니다. 둘 다 (㉠) 회사를 그만둘 때에는 아쉬운 마음도 많았습니다. 하지만 일 년이 지난 지금 우리 가족은 모두 아주 행복합니다. 저와 아내는 아이들의 학교 근처에서 서점을 하고 있는데 아이들과 함께 하는 시간도 더 많아져서 좋습니다. 그래서 제주도로 온 것을 후회하지 않습니다.

69 ㉠에 들어갈 말로 가장 알맞은 것을 고르십시오.

① 오랫동안 다녀서
② 동료들과 싸워서
③ 일이 너무 많아서
④ 새로운 일이 좋아서

70 윗글의 내용으로 알 수 있는 것을 고르십시오.

① 저와 아내는 책을 많이 읽습니다.
② 우리 가족은 여행하는 것을 좋아합니다.
③ 저는 가족들과 함께 제주도에 살고 있습니다.
④ 저는 제주도에 오기 전에 서점에서 일했습니다.

– 홀수형 (Odd Number Type) –

한국어능력시험 I
제3회 실전 모의고사

Test of Proficiency in Korean I
The 3rd actual mock test

듣기, 읽기 (Listening, Reading)

수험번호(Registration No.)		
이름 (Name)	한국어(Korean)	
	영어(English)	

유의 사항
Information

1. 시험 시작 지시가 있을 때까지 문제를 풀지 마십시오.

    Do not open the booklet until you are allowed to start.

2. 수험번호와 이름을 정확하게 적어 주십시오.

    Write your name and registration number on the answer sheet.

3. 답안지를 구기거나 훼손하지 마십시오.

    Do not fold the answer sheet; keep it clean.

4. 답안지의 이름, 수험번호 및 정답의 기입은 배부된 펜을 사용하여 주십시오.

    Use the given pen only.

5. 정답은 답안지에 정확하게 표시하여 주십시오.

    Mark your answer accurately and clearly on the answer sheet.

    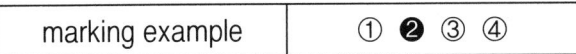

6. 문제를 읽을 때에는 소리가 나지 않도록 하십시오.

    Keep quiet while answering the questions.

7. 질문이 있을 때에는 손을 들고 감독관이 올 때까지 기다려 주십시오.

    When you have any questions, please raise your hand.

제3회 실전 모의고사

듣기 (01번~30번)   시험 시간 **40**분

※ [01~04] 다음을 듣고 〈보기〉와 같이 물음에 맞는 대답을 고르십시오.

보기

가: 가방이에요?
나: _____

❶ 네, 가방이에요.
② 네, 가방이 없어요.
③ 아니요, 가방이 싸요.
④ 아니요, 가방이 커요.

01 (4점)

① 네, 불고기가 없어요.
② 네, 불고기를 먹어요.
③ 아니요, 불고기예요.
④ 아니요, 불고기가 좋아요.

02 (4점)

① 네, 친구를 싫어해요.
② 네, 친구가 아니에요.
③ 아니요, 친구가 있어요.
④ 아니요, 친구를 안 만나요.

03 (3점)

① 많이 먹어요.
② 한 시에 먹어요.
③ 비빔밥을 먹어요.
④ 식당에서 먹어요.

04 (3점)

① 자주 갔어요.
② 기차로 갔어요.
③ 지난주에 갔어요.
④ 동생하고 갔어요.

※ [05~06] 다음을 듣고 〈보기〉와 같이 이어지는 말을 고르십시오.

보기

가: 안녕히 가세요.
나: _____

① 안녕하세요.
② 어서 오세요.
❸ 안녕히 계세요.
④ 여기 앉으세요.

05 (4점)

① 네, 잘 자요.
② 여기 있어요.
③ 잘 부탁해요.
④ 네, 알겠습니다.

06 (3점)

① 모릅니다.
② 축하합니다.
③ 그렇습니다.
④ 괜찮습니다.

※ [07~10] 여기는 어디입니까? 〈보기〉와 같이 알맞은 것을 고르십시오.

보기

가: 무엇을 먹을까요?
나: 비빔밥을 먹읍시다.

① 병원 ❷ 음식점
③ 편의점 ④ 미용실

07 (3점)
① 시장 ② 학교
③ 꽃집 ④ 영화관

08 (3점)
① 식당 ② 은행
③ 우체국 ④ 도서관

09 (3점)
① 여행사 ② 문구점
③ 박물관 ④ 백화점

10 (4점)

① 서점 ② 병원
③ 사진관 ④ 미용실

※ [11~14] 다음은 무엇에 대해 말하고 있습니까? 〈보기〉와 같이 알맞은 것을 고르십시오.

보기

가: 몇 시에 끝나요?
나: 두 시에 끝나요.

❶ 시간 ② 날짜
③ 나이 ④ 주소

11 (3점)

① 집 ② 옷
③ 음식 ④ 수업

12 (3점)

① 쇼핑 ② 취미
③ 시간 ④ 날씨

13 (4점)

① 운동   ② 나라
③ 가족   ④ 날짜

14 (3점)

① 여행   ② 계절
③ 교통   ④ 직업

※ [15~16] 다음 대화를 듣고 가장 알맞은 그림을 고르십시오. (각 4점)

15

①

②

③

④

16

※ [17~21] 다음을 듣고 〈보기〉와 같이 대화 내용과 같은 것을 고르십시오. (각 3점)

보기

남자: 토요일에도 회사에 가요?
여자: 아니요, 토요일하고 일요일에는 집에서 쉬어요.

① 남자는 회사원입니다.
❷ 여자는 회사에 다닙니다.
③ 남자는 토요일에 일합니다.
④ 여자는 일요일에 회사에 갑니다.

17
① 남자는 곧 결혼을 합니다.
② 여자는 한국에서 결혼을 합니다.
③ 남자는 친구의 결혼식에 갈 겁니다.
④ 여자는 한국에서 결혼식에 간 적이 있습니다.

18 ① 남자는 요리사입니다.
② 여자는 라면을 먹을 것입니다.
③ 여자는 채소와 두부를 좋아합니다.
④ 남자는 라면에 여러 가지 재료를 넣었습니다.

19 ① 여자는 할인을 받을 수 있습니다.
② 여자는 큰 세탁기를 사려고 합니다.
③ 남자는 여자에게 세탁기를 선물할 겁니다.
④ 남자는 여자와 같이 쇼핑을 하고 있습니다.

20 ① 남자는 편의점에서 일합니다.
② 여자는 사거리에 서 있습니다.
③ 여자는 편의점을 찾고 있습니다.
④ 남자는 지하철역으로 갈 겁니다.

21 ① 남자는 다리가 아픕니다.
② 남자는 병원에 왔습니다.
③ 여자는 아이와 함께 있습니다.
④ 여자는 자리에 앉으려고 합니다.

※ [22~24] 다음을 듣고 여자의 중심 생각을 고르십시오. (각 3점)

22
① 길이 막힐 때는 운전하기가 힘듭니다.
② 운전을 할 때는 누구나 조심해야 합니다.
③ 길을 잘 찾으려면 천천히 운전하는 게 좋습니다.
④ 운전 연습을 많이 하면 사고를 막을 수 있습니다.

23
① 공연을 자주 보고 싶습니다.
② 평일에 하는 공연은 재미가 없습니다.
③ 평일 공연이 더 많았으면 좋겠습니다.
④ 주말에 공연을 보려면 예매를 해야 합니다.

24
① 일 때문에 공부할 시간이 부족합니다.
② 자신이 하고 싶은 일을 하는 게 중요합니다.
③ 한국어를 못하면 아르바이트를 할 수 없습니다.
④ 아르바이트를 하면 한국어 능력도 좋아질 것입니다.

※ [25~26] 다음을 듣고 물음에 답하십시오.

25 여자가 왜 이 이야기를 하고 있는지 고르십시오. (3점)
① 할인 날짜를 알려 주려고
② 할인 상품을 안내하려고
③ 손님들에게 감사 인사를 하려고
④ 행사 시간이 바뀐 것을 알려 주려고

26 들은 내용과 같은 것을 고르십시오. (4점)

① 마트는 7시에 문을 닫습니다.
② 모든 과일을 똑같은 가격에 팝니다.
③ 7시부터 과일들을 싸게 살 수 있습니다.
④ 마트는 여름에 할인 행사를 많이 합니다.

※ [27~28] 다음을 듣고 물음에 답하십시오.

27 두 사람이 무엇에 대해 이야기를 하고 있는지 고르십시오. (3점)

① 축구 경기의 규칙
② 퇴근하기 좋은 시간
③ 일을 빨리 하는 방법
④ 축구 경기를 보는 장소

28 들은 내용과 같은 것을 고르십시오. (4점)

① 여자는 남자와 함께 퇴근하려고 합니다.
② 남자는 오늘 친구 집에 가기로 했습니다.
③ 여자는 집에 가서 일을 계속해야 합니다.
④ 남자는 텔레비전 보는 것을 안 좋아합니다.

※ [29~30] 다음을 듣고 물음에 답하십시오.

29 남자가 냉장고와 세탁기를 모두 사려고 하는 이유를 고르십시오. (3점)

① 둘 다 모두 마음에 들기 때문에
② 냉장고가 세탁기보다 싸기 때문에
③ 함께 사면 좀 더 싸게 살 수 있어서
④ 한 가지 디자인만 고르기가 힘들어서

30 들은 내용과 같은 것을 고르십시오. (4점)

① 남자는 하얀색을 좋아합니다.
② 남자는 지금 세탁을 하고 있습니다.
③ 남자는 큰 냉장고를 사려고 합니다.
④ 남자는 원하는 세탁기를 찾지 못했습니다.

읽기 (31번~70번)   시험 시간 **60**분

※ [31~33] 무엇에 대한 이야기입니까? 〈보기〉와 같이 알맞은 것을 고르십시오. (각 2점)

보기

> 저는 한국 사람입니다. 제임스 씨는 미국 사람입니다.

❶ 나라   ② 이름
③ 친구   ④ 나이

31

> 매일 축구를 합니다. 주말에 수영도 배웁니다.

① 날짜   ② 계획
③ 운동   ④ 수업

32

> 백화점에 갑니다. 옷을 삽니다.

① 약속   ② 취미
③ 위치   ④ 쇼핑

33

> 일요일에는 집에서 쉽니다. 회사에 안 갑니다.

① 휴일   ② 장소
③ 직업   ④ 시간

※ [34~39] 〈보기〉와 같이 ( )에 들어갈 가장 알맞은 것을 고르십시오.

보기

과일을 좋아합니다. ( )을 샀습니다.

① 바람　　　　　　　　　② 연필
❸ 수박　　　　　　　　　④ 냉면

34 (2점)

친구의 생일입니다. 선물을 ( ).

① 씁니다　　　　　　　　② 줍니다
③ 만납니다　　　　　　　④ 읽습니다

35 (2점)

( )을 씻습니다. 밥을 먹습니다.

① 손　　　　　　　　　　② 공
③ 물　　　　　　　　　　④ 약

36 (2점)

기차를 ( ). 여행을 갑니다.

① 봅니다　　　　　　　　② 삽니다
③ 탑니다　　　　　　　　④ 엽니다

37 (3점)

방이 (　　). 청소를 합니다.

① 넓습니다　　　　　② 작습니다
③ 조용합니다　　　　④ 더럽습니다

38 (3점)

저는 음악을 좋아합니다. (　　) 듣습니다.

① 처음　　　　　② 제일
③ 함께　　　　　④ 자주

39 (2점)

제 방에는 침대가 없습니다. 옷장(　　) 있습니다.

① 만　　　　　② 도
③ 에　　　　　④ 과

※ [40~42] 다음을 읽고 맞지 않는 것을 고르십시오. (각 3점)

40

① 토요일에 만납니다.
② 같이 등산을 합니다.
③ 기차역 안에서 모입니다.
④ 모임은 오전에 있습니다.

41

① 한 달 동안 사용할 수 있습니다.
② 맛나 식당에서는 식사를 할 수 있습니다.
③ 음료수 한 잔을 무료로 마실 수 있습니다.
④ 이만 원 이상 주문할 때 사용할 수 있습니다.

42

① 지수 씨는 제주도에 있습니다.
② 지수 씨는 혼자 여행을 갔습니다.
③ 요즘 제주도는 날씨가 아주 좋습니다.
④ 사라 씨는 주말에 지수 씨를 만날 겁니다.

※ [43~45] 다음의 내용과 같은 것을 고르십시오.

43 (3점)

저는 매일 점심 식사 후에 산책을 합니다. 회사 근처에 있는 공원을 30분 정도 걷습니다. 천천히 공원을 걸으면 땀도 좀 나고 기분도 좋아집니다.

① 저는 공원에서 점심을 먹습니다.
② 저는 30분 동안 점심을 먹습니다.
③ 저는 기분이 좋으면 공원에 갑니다.
④ 저는 매일 회사 근처에서 산책을 합니다.

44 (2점)

> 저는 어제 친구하고 백화점에 갔습니다. 저는 모자를 사고 친구는 바지를 샀습니다. 그런데 친구의 바지가 작아서 내일 같이 바꾸러 갈 겁니다.

① 친구는 모자를 샀습니다.
② 저는 내일 백화점에 갈 겁니다.
③ 저는 친구에게 선물을 했습니다.
④ 친구는 내일 쇼핑을 하려고 합니다.

45 (3점)

> 8월에는 사람들이 휴가를 많이 갑니다. 날씨가 더우니까 보통 바다가 있는 곳으로 휴가를 갑니다. 사람들은 바다에서 수영도 하고 여러 행사도 구경하면서 휴가를 보냅니다.

① 8월에는 모두 휴가를 갑니다.
② 바다 근처에서는 행사도 많이 합니다.
③ 날씨가 더우면 수영을 하기가 힘듭니다.
④ 수영장이 있는 곳으로 휴가를 가야 합니다.

※ [46~48] 다음을 읽고 중심 생각을 고르십시오.

46 (3점)

> 우리 언니는 요리를 잘합니다. 언니가 만든 음식은 정말 맛있습니다. 저도 요리를 배우고 싶습니다.

① 저는 맛있는 음식을 만들고 싶습니다.
② 저는 식당에서 일을 해 보고 싶습니다.
③ 저는 언니와 함께 식사를 하고 싶습니다.
④ 저는 언니의 요리를 먹어 보고 싶습니다.

47 (3점)

> 저는 영화를 자주 봅니다. 영화를 보면 다양한 것을 배울 수 있습니다. 그리고 영화에 나오는 음악도 좋은 것이 아주 많습니다.

① 저는 음악을 자주 듣습니다.
② 저는 영화 공부를 하고 싶습니다.
③ 저는 영화 보는 것을 좋아합니다.
④ 저는 음악을 들으려고 영화를 봅니다.

48 (2점)

> 집 근처에 예쁜 카페가 새로 문을 열었습니다. 그 카페에는 강아지도 데리고 갈 수 있어서 참 좋습니다. 거기에 우리 강아지를 데리고 가서 재미있는 시간을 보내고 싶습니다.

① 저는 강아지를 키우고 싶습니다.
② 저는 재미있는 카페에 가고 싶습니다.
③ 저는 강아지와 노는 것을 좋아합니다.
④ 저는 새로 생긴 카페가 마음에 듭니다.

※ [49~50] 다음을 읽고 물음에 답하십시오. (각 2점)

> 저는 호텔에서 일합니다. 사람을 만나는 것을 좋아해서 호텔에서 일하게 되었습니다. (㉠) 호텔에서 일하면 외국어를 사용할 수 있는 기회가 많아서 좋습니다. 저는 외국어를 오랫동안 공부했습니다. 나중에 다른 나라에 있는 호텔에서도 일해 보고 싶습니다.

49 ㉠에 들어갈 말로 가장 알맞은 것을 고르십시오.

① 그러나
② 그리고
③ 그래서
④ 그러면

50 윗글의 내용과 같은 것을 고르십시오.

① 저는 보통 호텔에서 친구를 만납니다.
② 저는 오랫동안 호텔에서 일을 했습니다.
③ 저는 외국어를 자주 사용하고 있습니다.
④ 저는 나중에 외국어를 공부하고 싶습니다.

※ [51~52] 다음을 읽고 물음에 답하십시오.

저는 요즘 텔레비전의 쇼핑 방송을 보면서 물건을 사는 일이 자주 있습니다. 그렇게 쇼핑을 하면 아주 편리하게 물건을 살 수 있습니다. 하지만 가끔 필요 없는 것을 (㉠) 계획보다 많은 양을 사서 후회할 때도 있습니다. 그러니까 쇼핑 방송에서 물건을 살 때는 더 잘 생각해서 주문해야 합니다.

51 ㉠에 들어갈 말로 가장 알맞은 것을 고르십시오. (3점)

① 사거나
② 사니까
③ 사는데
④ 사려고

52 무엇에 대한 내용인지 맞는 것을 고르십시오. (2점)

① 쇼핑 방송을 보는 이유
② 쇼핑 방송과 다른 방송의 차이
③ 쇼핑 방송에서 물건을 파는 방법
④ 쇼핑 방송에서 물건을 살 때 주의할 점

※ [53~54] 다음을 읽고 물음에 답하십시오.

> 키우면서 상처가 난 사과는 비싼 가격에 팔기가 힘듭니다. 그런데 요즘 과일값이 많이 (㉠) 저는 보통 그런 사과를 사 먹습니다. 물론 사과에 크고 작은 상처들이 있으면 보기에는 좀 안 좋을 때도 있습니다. 하지만 제가 먹어 보니까 대부분 맛에는 아무 문제가 없었습니다. 또 상처가 난 사과는 음료로 만들어 먹기에도 더 좋은 것 같습니다.

53 ㉠에 들어갈 말로 가장 알맞은 것을 고르십시오. (2점)

① 남아서
② 올라서
③ 생겨서
④ 같아서

54 윗글의 내용과 같은 것을 고르십시오. (3점)

① 저는 과일을 키우고 있습니다.
② 저는 과일을 좋아하지 않습니다.
③ 저는 상처가 있는 과일을 삽니다.
④ 저는 과일로 만든 주스를 자주 마십니다.

※ [55~56] 다음을 읽고 물음에 답하십시오.

얼마 전 국내에서는 처음으로 자전거 박물관이 문을 열었습니다. 이 박물관에 가면 200년의 자전거 역사를 확인할 수 있습니다. 또 두 시간 정도 자전거를 무료로 (㉠) 박물관 근처에 있는 강을 따라 자전거를 탈 수도 있습니다. 그래서 특히 주말이 되면 여기에 아이들을 데리고 와서 자전거 타는 방법을 가르쳐 주는 부모도 많이 있습니다.

55 ㉠에 들어갈 말로 가장 알맞은 것을 고르십시오. (2점)

① 나눠 주기 때문에
② 빌려주기 때문에
③ 고쳐 주기 때문에
④ 만들어 주기 때문에

56 윗글의 내용과 같은 것을 고르십시오. (3점)

① 이 박물관은 주말에만 문을 엽니다.
② 이 박물관은 200년 전에 지은 것입니다.
③ 이 박물관 근처에서 강을 볼 수 있습니다.
④ 이 박물관에서는 자전거 타는 방법을 가르쳐 줍니다.

※ [57~58] 다음을 순서대로 맞게 나열한 것을 고르십시오.

57 (3점)

(가) 그런 후에 짐을 넣을 상자와 포장 도구를 준비합니다.
(나) 그리고 이사를 떠나기 전에 짐을 싸면서 생긴 쓰레기를 모두 정리합니다.
(다) 짐을 싸기 시작하면 상자마다 그 안에 넣은 물건의 이름을 써 두는 게 좋습니다.
(라) 이삿짐을 직접 싸려면 먼저 짐을 싸는 순서와 방법에 대한 계획을 세워야 합니다.

① (나)-(다)-(가)-(라)
② (나)-(가)-(라)-(다)
③ (라)-(가)-(나)-(다)
④ (라)-(가)-(다)-(나)

58 (2점)

(가) 수박은 여름에 제일 많이 먹는 과일입니다.
(나) 신선하고 맛있는 수박을 고를 수 있는 방법이 있습니다.
(다) 그런데 수박을 살 때 잘못 골라서 후회한 적이 있을 것입니다.
(라) 수박을 손으로 두드렸을 때 맑은 소리가 나면 맛있는 수박입니다.

① (가)-(다)-(나)-(라)
② (가)-(다)-(라)-(나)
③ (나)-(다)-(가)-(라)
④ (나)-(가)-(라)-(다)

※ [59~60] 다음을 읽고 물음에 답하십시오.

> 저는 이번 휴가 때 바다에 갔습니다. (㉠) 저는 여름에 바다에 가서 수영하는 것을 좋아합니다. (㉡) 오랜만에 하는 수영이니까 준비 운동도 천천히 하고 바다에 들어갔습니다. (㉢) 햇빛을 받은 바다가 아름다워서 제 기분도 더 좋아졌습니다. (㉣)

59 다음 문장이 들어갈 곳으로 가장 알맞은 것을 고르십시오. (2점)

> 하지만 최근에는 바빠서 가지 못했습니다.

① ㉠ ② ㉡
③ ㉢ ④ ㉣

60 윗글의 내용과 같은 것을 고르십시오. (3점)

① 저는 휴가 때마다 바다에 갑니다.
② 저는 햇빛이 있을 때 수영을 합니다.
③ 저는 천천히 수영하는 것을 좋아합니다.
④ 저는 수영을 한 후에 기분이 좋아졌습니다.

※ [61~62] 다음을 읽고 물음에 답하십시오. (각 2점)

> 저는 보통 회사에 출근하지 않고 집에서 일합니다. 회사에는 일주일에 하루만 출근하면 됩니다. 수요일에만 회사에 가서 중요한 회의를 하거나 사람을 만나고 대부분의 일은 집에서 합니다. 물론 이렇게 혼자 (㉠) 일의 속도가 느려질 때도 있습니다. 그래서 저는 집에서도 정해 놓은 시간을 잘 지키면서 일을 하려고 합니다.

61 ㉠에 들어갈 말로 가장 알맞은 것을 고르십시오.

① 바쁘게 지내면
② 즐겁게 생활하면
③ 자유롭게 일하면
④ 다양하게 경험하면

62 윗글의 내용과 같은 것을 고르십시오.

① 저는 매일 집에서 일합니다.
② 저는 회사 직원들을 만날 기회가 없습니다.
③ 저는 다른 사람보다 일의 속도가 빠릅니다.
④ 저는 정해 놓은 시간에 맞춰 일하고 있습니다.

※ [63~64] 다음을 읽고 물음에 답하십시오.

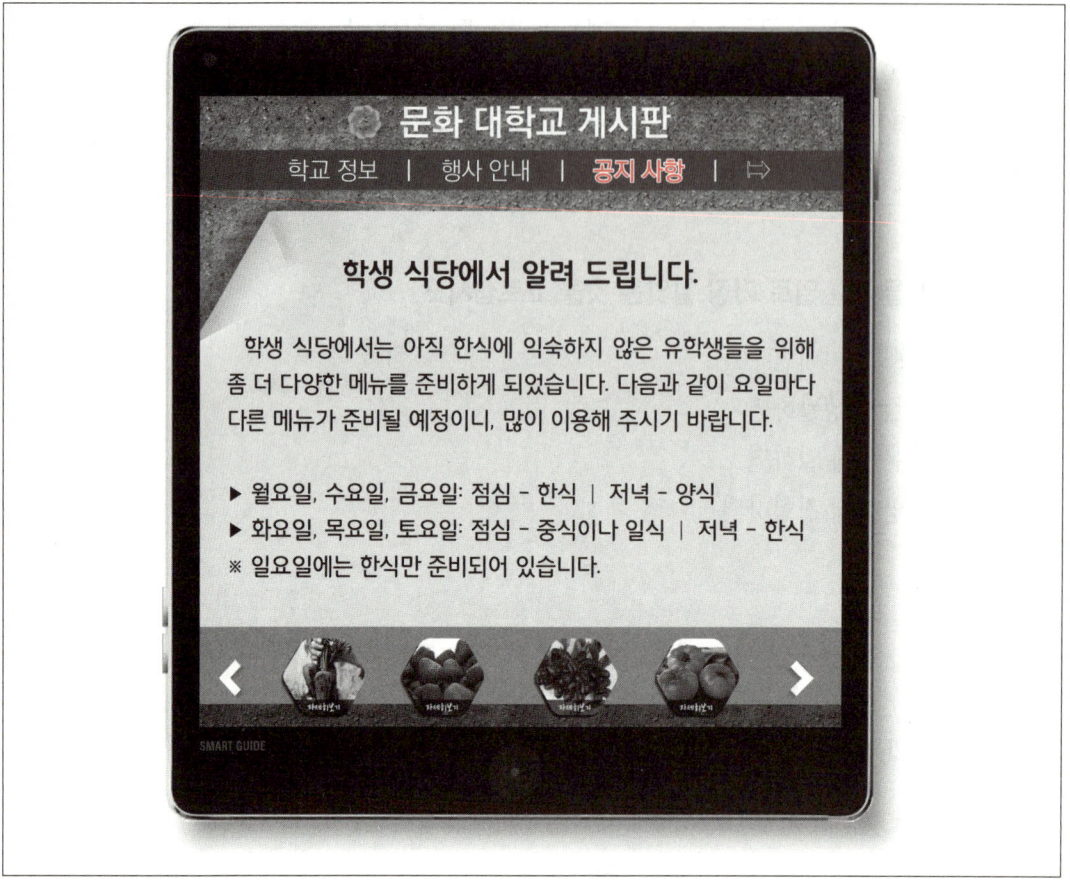

63 왜 윗글을 썼는지 맞는 것을 고르십시오. (2점)

① 새 메뉴를 소개하려고
② 식당의 위치를 안내하려고
③ 원하는 메뉴를 알아보려고
④ 새로 생긴 식당을 광고하려고

64 윗글의 내용과 같은 것을 고르십시오. (3점)

① 유학생들은 한식을 안 좋아합니다.
② 저녁에는 한식만 먹을 수 있습니다.
③ 주말에도 식당을 이용할 수 있습니다.
④ 토요일과 일요일은 메뉴가 똑같습니다.

※ [65~66] 다음을 읽고 물음에 답하십시오.

한국 사람들 중에는 스트레스를 (㉠) 기분이 안 좋으면 매운 음식을 먹는 사람이 많습니다. 매운 음식을 먹으면 기분이 좀 나아지기 때문입니다. 매운 음식을 먹으면 운동을 한 것처럼 땀이 나기 때문에 그렇게 느끼게 됩니다. 그래서 매운 음식을 먹은 후에는 기분 나쁜 일도 잊어버리고 다시 즐겁게 일을 할 수 있습니다. 하지만 스트레스를 받을 때마다 매운 음식을 먹는 것은 좋지 않습니다. 그렇게 되면 우리 몸은 점점 더 강한 매운맛을 찾게 될 것입니다.

65 ㉠에 들어갈 말로 가장 알맞은 것을 고르십시오. (2점)

① 받는데
② 받지만
③ 받으면
④ 받거나

66 윗글의 내용과 같은 것을 고르십시오. (3점)

① 한국 사람들은 스트레스를 많이 받습니다.
② 매운 음식을 먹고 나면 기분이 좋아집니다.
③ 운동을 한 후에는 매운 음식을 먹어야 합니다.
④ 매운맛은 우리 몸을 더 강하게 만들어 줍니다.

※ [67~68] 다음을 읽고 물음에 답하십시오. (각 3점)

> 계절이 바뀔 때 우리의 몸도 변화를 경험하게 됩니다. 특히 가을에서 겨울로 바뀔 때 우리 몸의 온도나 피부 등에도 큰 변화가 생깁니다. 날씨가 추워지면 우리의 몸은 더 많은 열을 만들기 위해 노력합니다. 그 결과 배고픔을 더 자주 느끼게 됩니다. 또 몸 안에 있는 열을 지키려면 반대로 피부 온도는 좀 (㉠). 그래서 햇빛이 있을 때는 밖에 나가서 피부 온도를 올리는 활동을 하는 것이 좋습니다.

67 ㉠에 들어갈 말로 가장 알맞은 것을 고르십시오.

① 적당해집니다
② 변화가 심해집니다
③ 떨어지기도 합니다
④ 차이가 나기도 합니다

68 윗글의 내용과 같은 것을 고르십시오.

① 햇빛은 피부 건강에 좋지 않습니다.
② 겨울에는 다른 계절보다 자주 배가 고픕니다.
③ 계절이 바뀔 때 우리 몸의 온도는 내려갑니다.
④ 음식을 많이 먹으면 몸의 온도를 지킬 수 있습니다.

※ [69~70] 다음을 읽고 물음에 답하십시오. (각 3점)

> 우리 형제는 이름이 좀 특별합니다. 제 이름은 김바다, 동생 이름은 김나무입니다. 그래서 우리 형제의 이름을 한번 들은 사람들은 (㉠). 그리고 다른 사람들과 쉽게 친구가 될 수도 있습니다. 할아버지께서는 우리 형제가 바다와 나무처럼 살기를 바라셨습니다. 바다와 나무는 자신이 가지고 있는 것을 항상 다른 사람들에게 나누어 주기 때문입니다. 지금 할아버지는 안 계시지만 다른 사람이 우리 이름을 부를 때마다 할아버지 생각이 납니다.

69 ㉠에 들어갈 말로 가장 알맞은 것을 고르십시오.

① 별로 관심이 없습니다
② 다시 만나기 어렵습니다
③ 잘 잊어버리지 않습니다
④ 쉽게 이해할 수 없습니다

70 윗글의 내용으로 알 수 있는 것을 고르십시오.

① 할아버지께서 우리 이름을 지어 주셨습니다.
② 우리는 어렸을 때 할아버지와 함께 살았습니다.
③ 다른 사람이 우리 이름을 부르면 부끄럽습니다.
④ 할아버지의 집 근처에 바다와 나무가 있었습니다.

- 홀수형 (Odd Number Type) -

한국어능력시험 I
제4회 실전 모의고사

Test of Proficiency in Korean I
The 4th actual mock test

듣기, 읽기 (Listening, Reading)

수험번호(Registration No.)		
이름 (Name)	한국어(Korean)	
	영어(English)	

유의 사항
Information

1. 시험 시작 지시가 있을 때까지 문제를 풀지 마십시오.
   Do not open the booklet until you are allowed to start.

2. 수험번호와 이름을 정확하게 적어 주십시오.
   Write your name and registration number on the answer sheet.

3. 답안지를 구기거나 훼손하지 마십시오.
   Do not fold the answer sheet; keep it clean.

4. 답안지의 이름, 수험번호 및 정답의 기입은 배부된 펜을 사용하여 주십시오.
   Use the given pen only.

5. 정답은 답안지에 정확하게 표시하여 주십시오.
   Mark your answer accurately and clearly on the answer sheet.

6. 문제를 읽을 때에는 소리가 나지 않도록 하십시오.
   Keep quiet while answering the questions.

7. 질문이 있을 때에는 손을 들고 감독관이 올 때까지 기다려 주십시오.
   When you have any questions, please raise your hand.

제4회 실전 모의고사

듣기 (01번~30번)   시험 시간 **40**분

※ [01~04] 다음을 듣고 〈보기〉와 같이 물음에 맞는 대답을 고르십시오.

보기

가: 친구를 만나요?
나: _____

❶ 네, 친구를 만나요.
② 네, 친구가 아니에요.
③ 아니요, 친구예요.
④ 아니요, 친구를 좋아해요.

01 (4점)

① 네, 책이 없어요.
② 네, 책을 읽어요.
③ 아니요, 책이 비싸요.
④ 아니요, 책을 좋아해요.

02 (4점)

① 네, 숙제를 해요.
② 네, 숙제가 어려워요.
③ 아니요, 숙제가 적어요.
④ 아니요, 숙제가 있어요.

03 (3점)
① 영화를 봐요.
② 집에서 봐요.
③ 저녁에 봐요.
④ 친구하고 봐요.

04 (3점)
① 자주 해요.
② 학교에 가요.
③ 정말 좋아해요.
④ 아홉 시에 시작해요.

※ [05~06] 다음을 듣고 〈보기〉와 같이 이어지는 말을 고르십시오.

보기

가: 처음 뵙겠습니다.
나: _____

① 괜찮습니다.
② 알겠습니다.
③ 고맙습니다.
❹ 반갑습니다.

05 (4점)

① 부탁해요.
② 괜찮아요.
③ 잘 지냈어요.
④ 여기 있어요.

06 (3점)

① 미안해요.
② 좋겠어요.
③ 아니에요.
④ 고마워요.

※ [07~10] 여기는 어디입니까? <보기>와 같이 알맞은 것을 고르십시오.

보기

가: 어떻게 오셨어요?
나: 비행기표를 사려고 하는데요.

① 가게　　　　　　　② 은행
❸ 여행사　　　　　　④ 신문사

07 (3점)

① 은행　　　　　　② 약국
③ 시장　　　　　　④ 학교

08 (3점)

① 택시　　　　　　② 지하철
③ 여행사　　　　　④ 우체국

09 (3점)

① 공항　　　　　　② 극장
③ 호텔　　　　　　④ 서점

10 (4점)

① 백화점　　② 사진관
③ 정류장　　④ 도서관

※ [11~14] 다음은 무엇에 대해 말하고 있습니까? 〈보기〉와 같이 알맞은 것을 고르십시오.

보기

가: 그거 매워요?
나: 네, 조금 매워요. 그렇지만 맛있어요.

① 집　　❷ 맛
③ 가격　　④ 성격

11 (3점)

① 운동　　② 장소
③ 직업　　④ 취미

12 (3점)

① 소개　　② 위치
③ 약속　　④ 교통

13 (4점)

① 휴일　　　　　　② 계절
③ 시간　　　　　　④ 수업

14 (3점)

① 친구　　　　　　② 계획
③ 고향　　　　　　④ 이름

※ [15~16] 다음 대화를 듣고 가장 알맞은 그림을 고르십시오. (각 4점)

15　①　②

③　④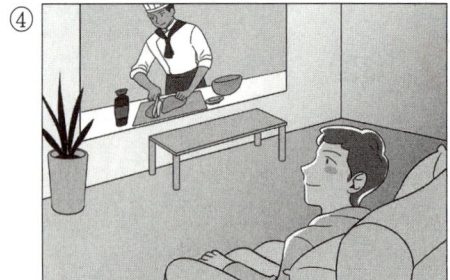

16 ①  ②

③  ④

※ [17~21] 다음을 듣고 <보기>와 같이 대화 내용과 같은 것을 고르십시오. (각 3점)

보기

남자: 바지를 샀어요?
여자: 아니요, 파란색 치마를 샀어요.

① 남자는 바지를 샀습니다.
❷ 여자는 치마를 샀습니다.
③ 남자는 파란색을 좋아합니다.
④ 여자는 남자한테 바지를 선물했습니다.

17 ① 남자는 인기가 많습니다.
② 여자는 모자를 써 봤습니다.
③ 남자는 큰 모자를 살 겁니다.
④ 여자는 남자에게 선물을 합니다.

18
① 여자는 우산 가게를 하고 있습니다.
② 남자는 우산이 한 개밖에 없습니다.
③ 여자는 남자에게 우산을 빌려주려고 합니다.
④ 남자는 비가 와서 친구를 기다리고 있습니다.

19
① 남자는 내일 공항에 갈 겁니다.
② 여자는 내일 늦게 출근할 겁니다.
③ 여자는 내일 혼자 회사에 갈 겁니다.
④ 남자는 공항에서 여자를 만날 겁니다.

20
① 여자는 행사에 관심이 없습니다.
② 남자는 축구 선수를 좋아합니다.
③ 남자는 축구를 가르치려고 합니다.
④ 여자는 행사에 티셔츠를 입고 갈 겁니다.

21
① 남자는 여자와 함께 일합니다.
② 여자는 편의점에서 일하고 있습니다.
③ 남자는 편의점에서 일을 해 봤습니다.
④ 여자는 아르바이트를 안 하려고 합니다.

※ [22~24] 다음을 듣고 여자의 중심 생각을 고르십시오. (각 3점)

22
① 영화는 가족들하고 같이 봐야 합니다.
② 재미있는 영화는 여러 번 봐도 됩니다.
③ 영화는 끝부분을 미리 알고 보면 재미없습니다.
④ 영화를 볼 때 시끄럽게 이야기를 하면 안 됩니다.

23
① 걸으면서 물을 마시면 안 됩니다.
② 물을 많이 마시는 것이 건강에 좋습니다.
③ 목이 마를 때에는 물을 많이 마셔야 합니다.
④ 건강한 사람은 물을 자주 마실 필요가 없습니다.

24
① 요즘 유럽 여행을 가는 주부들이 많습니다.
② 이 책을 읽으면 한국의 역사를 알 수 있습니다.
③ 여행을 가기 전에 먼저 여행 책을 읽어야 합니다.
④ 이 책에는 유럽에 대한 다양한 정보가 있어서 좋습니다.

※ [25~26] 다음을 듣고 물음에 답하십시오.

25 여자가 왜 이 이야기를 하고 있는지 고르십시오. (3점)
① 라디오 사용 방법에 대해 설명하려고
② 라디오를 들으면서 할 수 있는 일을 알려 주려고
③ 라디오에 노래를 신청하는 방법에 대해 안내하려고
④ 라디오를 듣는 사람들에게 보낼 선물을 소개하려고

26 들은 내용과 같은 것을 고르십시오. (4점)

① 이나영 씨는 노래를 잘 부릅니다.
② 오전에도 노래 신청을 할 수 있습니다.
③ 라디오를 들으면 그리운 사람이 생각납니다.
④ 라디오에 노래를 신청하면 선물을 받을 수 있습니다.

※ [27~28] 다음을 듣고 물음에 답하십시오.

27 두 사람이 무엇에 대해 이야기를 하고 있는지 고르십시오. (3점)

① 고장 난 에어컨
② 사고 싶은 에어컨
③ 서비스 센터의 위치
④ 서비스 센터 이용 시간

28 들은 내용과 같은 것을 고르십시오. (4점)

① 여자는 내일 남자의 집에 갈 것입니다.
② 남자는 에어컨을 수리하고 싶어 합니다.
③ 남자는 서비스 센터에서 일하고 있습니다.
④ 여자는 남자에게 새 에어컨을 보내려고 합니다.

※ [29~30] 다음을 듣고 물음에 답하십시오.

29 남자가 의사 일을 그만둔 이유를 고르십시오. (3점)

① 콘서트를 보러 가고 싶어서
② 기타와 피아노를 배우고 싶어서
③ 취미 활동을 할 시간이 부족해서
④ 가수로서 새로운 도전을 해 보고 싶어서

30 들은 내용과 같은 것을 고르십시오. (4점)

① 남자는 매달 콘서트를 합니다.
② 남자는 10년 전에 가수가 되었습니다.
③ 남자는 취미로 악기 연주를 계속했습니다.
④ 남자는 가족들과 함께 노래를 부르기로 했습니다.

읽기 (31번~70번)   시험 시간 **60**분

※ [31~33] 무엇에 대한 이야기입니까? 〈보기〉와 같이 알맞은 것을 고르십시오. (각 2점)

보기

저는 중국에서 왔습니다. 중국 사람입니다.

① 가족 ② 이름
❸ 나라 ④ 나이

31 냉장고에 포도가 있습니다. 수박도 있습니다.

① 시간 ② 과일
③ 쇼핑 ④ 날씨

32 저는 식당에서 일합니다. 요리를 합니다.

① 공부 ② 음식
③ 여행 ④ 직업

33 거실은 좀 작습니다. 방은 작지 않습니다.

① 집 ② 값
③ 선물 ④ 취미

※ [34~39] 〈보기〉와 같이 (   )에 들어갈 가장 알맞은 것을 고르십시오.

보기

오늘은 바쁩니다. (   )이 없습니다.

① 일 ❷ 시간
③ 사람 ④ 계획

34 (2점)

저는 (   )에 갑니다. 책을 삽니다.

① 은행 ② 병원
③ 서점 ④ 식당

35 (2점)

비가 옵니다. 우산을 (   ).

① 봅니다 ② 씁니다
③ 마십니다 ④ 앉습니다

36 (2점)

매일 청소를 합니다. 방이 아주 (   ).

① 많습니다 ② 넓습니다
③ 조용합니다 ④ 깨끗합니다

37 (3점)

| 저는 학생입니다. (　　) 고등학교를 졸업합니다. |

① 먼저　　　　　　　　　② 항상
③ 이제　　　　　　　　　④ 아마

38 (3점)

| 오늘은 언니의 생일입니다. 언니(　　) 선물을 보냈습니다. |

① 에게　　　　　　　　　② 까지
③ 에서　　　　　　　　　④ 하고

39 (2점)

| 9시부터 수업이 있습니다. 아침에 일찍 (　　). |

① 압니다　　　　　　　　② 부릅니다
③ 기다립니다　　　　　　④ 일어납니다

※ [40~42] 다음을 읽고 맞지 않는 것을 고르십시오. (각 3점)

40

① 이번 달은 8월입니다.
② 모임은 오후에 시작합니다.
③ 학교 체육관에서 만납니다.
④ 매주 목요일에 모임이 있습니다.

41

① 아이들이 사용합니다.
② 한 개에 이천 원입니다.
③ 이 마스크는 하얀색입니다.
④ 이 마스크는 약국에서 삽니다.

42

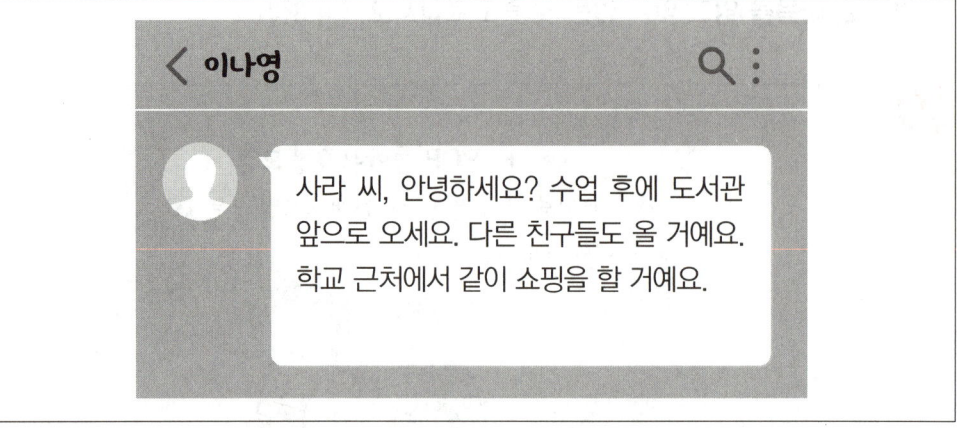

① 사라 씨는 도서관 앞에 있습니다.
② 나영 씨는 오늘 쇼핑을 할 겁니다.
③ 사라 씨가 문자 메시지를 받았습니다.
④ 나영 씨는 오늘 친구들을 만날 겁니다.

※ [43~45] 다음의 내용과 같은 것을 고르십시오.

43 (3점)

저는 여행을 자주 갑니다. 보통 주말에 혼자 여행을 갑니다. 산과 바다 근처에 가서 사진을 많이 찍습니다.

① 저는 수영을 좋아합니다.
② 저는 주말에 등산을 합니다.
③ 저는 여행을 가서 사진을 찍습니다.
④ 저는 친구들과 함께 여행을 갑니다.

44 (2점)

> 내일 서울에는 눈이 많이 오겠습니다. 눈은 오전에 시작해서 오후까지 내리겠습니다. 밤에는 눈이 오지 않겠습니다.

① 오늘도 눈이 내릴 겁니다.
② 눈은 내일 오전부터 올 겁니다.
③ 내일 밤에 눈이 많이 내릴 겁니다.
④ 내일 오후에는 눈이 안 올 겁니다.

45 (3점)

> 우리 학교는 10월마다 축제를 합니다. 여러 공연도 볼 수 있어서 학교 축제는 인기가 있습니다. 학생들은 공연 중에서 가수들의 무대를 제일 좋아합니다.

① 축제는 매년 봄에 합니다.
② 가수들은 학교 축제를 좋아합니다.
③ 학생들은 축제에서 공연을 합니다.
④ 학생들은 가수들의 공연을 봅니다.

※ [46~48] 다음을 읽고 중심 생각을 고르십시오.

46 (3점)

> 저는 항상 집에서 운동을 합니다. 집 근처에도 운동장이 있지만 사람이 많은 장소가 싫습니다. 그래서 집에서 음악을 들으면서 운동을 합니다.

① 저는 혼자 운동하는 것을 좋아합니다.
② 저는 항상 운동장에 가서 음악을 듣습니다.
③ 저는 음악을 안 들으면 운동을 할 수 없습니다.
④ 저는 집 근처에 있는 운동장에 가 보고 싶습니다.

47 (3점)

> 저는 김치를 만들어 보고 싶었습니다. 그래서 이번 여름 휴가 때 한국 요리 교실에 갈 겁니다. 김치를 만들어서 다른 친구들한테도 선물할 겁니다.

① 요즘 한국 요리 교실에 다닙니다.
② 휴가 때 친구들을 만나면 좋겠습니다.
③ 여름 휴가 때 김치를 만들어 볼 겁니다.
④ 친구들한테 좋은 선물을 하고 싶습니다.

48 (2점)

> 회사 안에 도서관이 새로 생겼습니다. 요즘은 보통 점심을 먹고 거기에 갑니다. 도서관에 재미있는 책이 많고 컴퓨터도 있습니다.

① 요즘은 점심을 먹지 않습니다.
② 회사 일이 아주 재미있습니다.
③ 회사에 도서관이 생겨서 좋습니다.
④ 도서관에는 컴퓨터가 많이 있습니다.

※ [49~50] 다음을 읽고 물음에 답하십시오. (각 2점)

> 제 취미는 영화 감상입니다. 시간이 있을 때마다 영화를 봅니다. 하지만 요즘 바빠서 영화를 거의 (㉠). 오늘은 일이 빨리 끝나니까 친구와 같이 저녁에 영화를 보려고 합니다. 오랜만에 친구와 영화도 보고 맛있는 식당에도 같이 갈 겁니다.

49 ㉠에 들어갈 말로 가장 알맞은 것을 고르십시오.

① 볼 수 있습니다
② 보지 못했습니다
③ 보기 시작했습니다
④ 보고 싶지 않습니다

50 윗글의 내용과 같은 것을 고르십시오.

① 저는 오늘 일을 쉽니다.
② 저는 요즘 시간이 많습니다.
③ 저는 보통 혼자서 영화를 봅니다.
④ 저는 친구와 저녁을 같이 먹을 겁니다.

※ [51~52] 다음을 읽고 물음에 답하십시오.

이제는 휴대 전화로 많은 것을 할 수 있습니다. 휴대 전화만 있으면 은행에 가지 않고 다른 사람의 통장으로 돈을 보낼 수 있습니다. (㉠) 쇼핑도 아주 쉽게 할 수 있습니다. 최근에는 회사나 학교에 가지 않고 휴대 전화로 일을 하거나 공부를 하는 사람도 많아졌습니다. 미래에는 아마 휴대 전화로 더 복잡한 일도 할 수 있을 것입니다.

51 ㉠에 들어갈 말로 가장 알맞은 것을 고르십시오. (3점)

① 그리고
② 그러면
③ 그러나
④ 그래서

52 무엇에 대한 내용인지 맞는 것을 고르십시오. (2점)

① 휴대 전화의 역사
② 휴대 전화 사용 방법의 변화
③ 휴대 전화를 잘 고르는 방법
④ 휴대 전화를 싸게 사는 방법

※ [53~54] 다음을 읽고 물음에 답하십시오.

> 저는 감기에 잘 걸립니다. 그래서 날씨가 (㉠) 다른 사람보다 더 조심해야 합니다. 특히 겨울에는 두꺼운 옷을 입고, 밖에도 많이 나가지 않습니다. 하지만 그렇게 하니까 피부에는 좋지 않은 것 같습니다. 겨울에는 실내가 아주 건조하기 때문입니다.

53 ㉠에 들어갈 말로 가장 알맞은 것을 고르십시오. (2점)

① 추워져도
② 추워지면
③ 추워지거나
④ 추워졌지만

54 윗글의 내용과 같은 것을 고르십시오. (3점)

① 저는 피부가 약합니다.
② 저는 두꺼운 옷을 많이 샀습니다.
③ 저는 겨울에 보통 실내에서 지냅니다.
④ 저는 다른 사람들을 별로 안 만납니다.

※ [55~56] 다음을 읽고 물음에 답하십시오.

　　이 마을은 작고 조용한 시골 마을이었습니다. 그런데 이곳으로 여행을 온 대학생들이 마을 벽에 (　㉠　) 지금은 인기 있는 마을이 되었습니다. 많은 사람이 그림을 보러 이 마을로 여행을 옵니다. 여행 온 사람들은 그림 앞에서 사진을 찍으면서 좋은 추억을 만듭니다. 마을 사람들은 여행 온 사람들을 위해 마을 길을 정리하고 음식도 준비합니다.

55 ㉠에 들어갈 말로 가장 알맞은 것을 고르십시오. (2점)

① 쓴 말이 좋아서
② 붙인 사진이 멋있어서
③ 그린 그림이 없어져서
④ 그린 그림이 유명해져서

56 윗글의 내용과 같은 것을 고르십시오. (3점)

① 이 마을은 여행하기에 좋습니다.
② 이 마을에는 대학생들이 많습니다.
③ 사람들은 시골 마을에서 살고 싶어 합니다.
④ 사람들은 여행을 와서 음식을 만들어 봅니다.

※ [57~58] 다음을 순서대로 맞게 나열한 것을 고르십시오.

57 (3점)

(가) 그러나 중요한 것은 대화의 방법과 내용입니다.
(나) 다른 사람과 빨리 친해지려면 대화를 많이 해야 합니다.
(다) 그런 방법으로는 대화를 많이 한 후에도 가까워지기 힘듭니다.
(라) 어떤 사람은 상대방의 말은 듣지 않고 자신의 이야기만 하려고 합니다.

① (가)-(다)-(라)-(나)
② (가)-(라)-(다)-(나)
③ (나)-(가)-(라)-(다)
④ (나)-(가)-(다)-(라)

58 (2점)

(가) 최근 자전거를 타고 출퇴근하는 사람이 많이 늘었습니다.
(나) 그런데 자전거로 출퇴근할 때에는 밝은색의 옷을 입는 게 좋습니다.
(다) 그렇게 하면 자동차를 운전하는 사람들이 자전거를 잘 볼 수 있습니다.
(라) 자전거를 타면 사람들과 거리를 두고 이동할 수 있고 운동도 되기 때문입니다.

① (가)-(다)-(나)-(라)
② (가)-(라)-(나)-(다)
③ (나)-(다)-(가)-(라)
④ (나)-(가)-(라)-(다)

※ [59~60] 다음을 읽고 물음에 답하십시오.

저는 요가를 시작한 지 1년이 되었습니다. (㉠) 일주일에 두 번 학원에 가서 요가를 배우고 있습니다. (㉡) 그렇지만 이제는 집에서 혼자서도 요가를 할 수 있을 정도가 되었습니다. (㉢) 요가를 하는 것이 정말 좋습니다. (㉣)

59 다음 문장이 들어갈 곳으로 가장 알맞은 것을 고르십시오. (2점)

처음에는 선생님을 따라 하기가 아주 힘들었습니다.

① ㉠
② ㉡
③ ㉢
④ ㉣

60 윗글의 내용과 같은 것을 고르십시오. (3점)

① 저는 학원에서 요가를 가르칩니다.
② 저는 요가 학원을 그만두고 싶습니다.
③ 저는 혼자서 운동하는 것을 좋아합니다.
④ 저는 1년 전부터 요가를 배우고 있습니다.

※ [61~62] 다음을 읽고 물음에 답하십시오. (각 2점)

> 우리 할아버지는 택시 기사입니다. 연세가 70살이 (㉠) 지금도 택시 운전을 하고 계십니다. 그래서 저는 비나 눈이 오는 날에는 마음이 좀 불안합니다. 할아버지가 걱정되기 때문입니다. 그런 날에는 운전을 하시지 말고 집에서 쉬셨으면 좋겠습니다.

61 ㉠에 들어갈 말로 가장 알맞은 것을 고르십시오.

① 오셨지만
② 사셨지만
③ 넘으셨지만
④ 끝나셨지만

62 윗글의 내용과 같은 것을 고르십시오.

① 할아버지는 아직 일을 하고 계십니다.
② 저는 할아버지의 택시를 자주 탑니다.
③ 비나 눈이 오면 택시를 운전할 수 없습니다.
④ 할아버지는 마음이 불안하면 운전을 안 하십니다.

※ [63~64] 다음을 읽고 물음에 답하십시오.

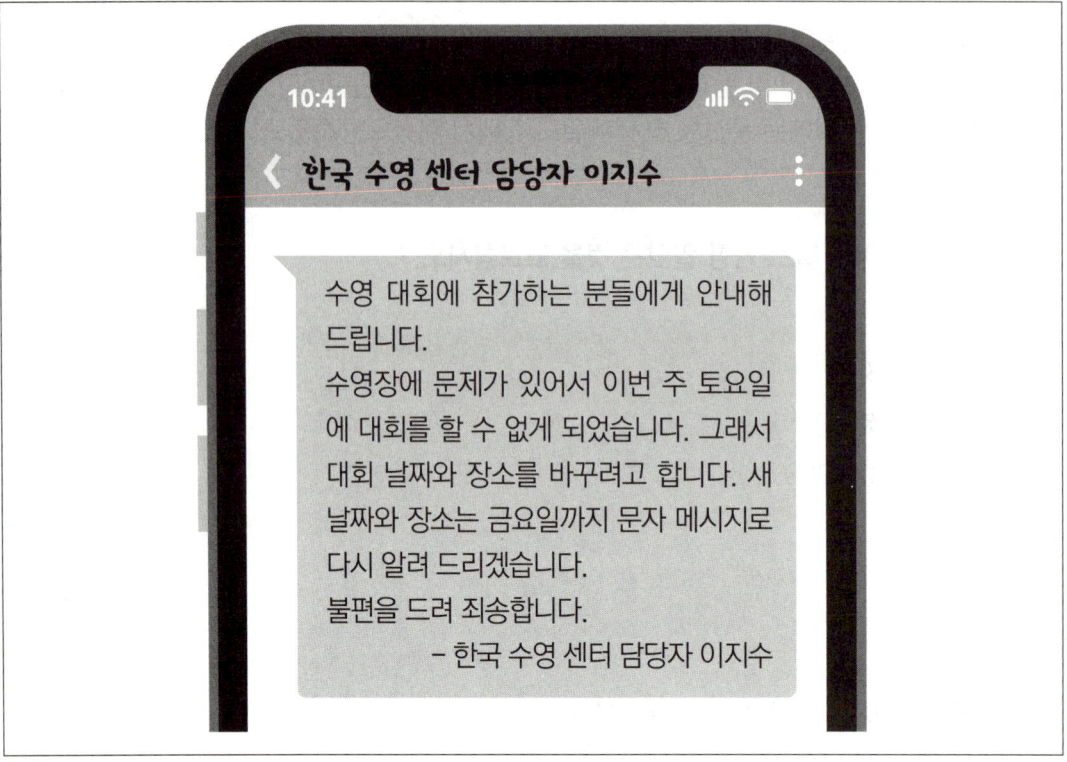

63 왜 윗글을 썼는지 맞는 것을 고르십시오. (2점)

① 수영 대회에 신청을 받으려고
② 대회 변경 사실을 알려 주려고
③ 수영장의 위치를 안내해 주려고
④ 참가자들에게 연락처를 물어보려고

64 윗글의 내용과 같은 것을 고르십시오. (3점)

① 수영 대회 날짜만 바꾸려고 합니다.
② 수영 대회는 다음 주 토요일에 있습니다.
③ 이번 주 토요일에는 수영장을 사용할 수 없습니다.
④ 수영 대회에 참가하려면 문자 메시지를 보내야 합니다.

※ [65~66] 다음을 읽고 물음에 답하십시오.

　　우리 집 근처에는 문을 연 지 100년이 된 전통 시장이 있습니다. 그런데 요즘 사람들은 장을 볼 때 보통 큰 마트를 이용하고 이렇게 오래된 시장은 별로 찾지 않습니다. 그래서 가게 주인들은 다시 손님들이 많이 찾는 시장을 (㉠) 가게도 예쁘게 꾸미고 상품 포장도 더 깨끗하게 바꾸었습니다. 가게 주인들의 이런 노력으로 최근 사람들이 다시 시장을 찾아오기 시작했습니다.

65 ㉠에 들어갈 말로 가장 알맞은 것을 고르십시오. (2점)

① 만들지만
② 만들거나
③ 만든 후에
④ 만들기 위해

66 윗글의 내용과 같은 것을 고르십시오. (3점)

① 요즘 사람들은 전통 시장을 좋아합니다.
② 오래된 시장은 보통 큰 마트 옆에 있습니다.
③ 시장을 바꾸고 나서 시장에 손님이 늘었습니다.
④ 큰 마트의 상품들은 포장이 깨끗하지 않습니다.

※ [67~68] 다음을 읽고 물음에 답하십시오. (각 3점)

> 옛날부터 결혼식이나 생일잔치 등에 오는 손님들에게 국수를 준비해 대접했습니다. 길이가 아주 긴 국수에는 (㉠) 마음이 들어 있기 때문입니다. 그래서 한국 사람들은 "국수 언제 먹을 수 있어요?"라는 질문으로 결혼 계획을 물어보기도 합니다. 최근에는 결혼식 때 나오는 음식이 훨씬 더 다양해졌습니다. 그렇지만 그런 음식들 중에도 국수는 빠지지 않을 정도로 국수의 의미는 중요합니다.

67 ㉠에 들어갈 말로 가장 알맞은 것을 고르십시오.

① 빨리 결혼하려고 하는
② 좋은 선물을 기대하는
③ 오랫동안 잘 살기를 바라는
④ 결혼의 의미를 알고 싶어 하는

68 윗글의 내용과 같은 것을 고르십시오.

① 한국 사람들은 국수를 제일 좋아합니다.
② 국수는 특별한 날에만 먹는 음식입니다.
③ 옛날에는 국수가 비싸서 먹기 힘들었습니다.
④ 요즘도 결혼식에 가면 국수를 먹을 수 있습니다.

※ [69~70] 다음을 읽고 물음에 답하십시오. (각 3점)

몇 달 전부터 집 안에 있는 화분에서 토마토를 키우기 시작했습니다. 처음에는 작은 화분에 심어서 키우기 시작했습니다. 그런데 생각보다 토마토가 빨리 자라고 (㉠) 금방 더 큰 화분으로 옮겨 주었습니다. 이렇게 열매가 생기는 식물은 처음 키워 보았는데 생각보다 재미있습니다. 또 직접 키워서 먹어 보니까 토마토가 더 맛있는 것 같습니다. 그래서 앞으로 고추나 상추 같은 것도 화분에서 키워 보려고 합니다.

69 ㉠에 들어갈 말로 가장 알맞은 것을 고르십시오.

① 열매도 많이 생겨서
② 색도 점점 진해져서
③ 다른 식물보다 약해서
④ 키우는 과정이 복잡해서

70 윗글의 내용으로 알 수 있는 것을 고르십시오.

① 저는 요리를 잘합니다.
② 저는 여러 식물을 키우고 있습니다.
③ 저는 집 안에 있는 것을 좋아합니다.
④ 저는 전에 토마토를 키워 본 적이 없습니다.

PART 02

부록
附录

扫描上方二维码
获取听力音频、
初级语法与词汇

附录 1　高频词汇

第1回　全真模拟题

听力			阅读		
单词	词性	中文	单词	词性	中文
사다	动词	买	값	名词	价格，价钱
축하하다	动词	祝贺	계시다	动词	在（"있다"的敬语）
가구	名词	家具	직업	名词	工作，职业
교실	名词	教室	공항	名词	机场
예약하다	动词	预订	등산	名词	登山，爬山
그림	名词	图画	깨끗하다	形容词	干净
취미	名词	爱好	배우다	动词	学习
교통	名词	交通	운전	动词	驾驶，开车
고향	名词	故乡	세탁	名词	洗衣服
먹다	动词	吃	세제	名词	清洁剂
회의	名词	会议	상하다	动词	受伤
건너편	名词	对面	화장품	名词	化妆品
피곤하다	形容词	累，疲惫	정원	名词	庭院，院子
식사	名词	用餐，吃饭	분위기	名词	气氛，氛围
현금	名词	现金	덥다	形容词	热
대회	名词	大会，大赛	산책	名词	散步
교환하다	动词	交换	야경	名词	夜景
옷	名词	衣服	빌리다	动词	借
영화	名词	电影	무료	名词	免费
상	名词	奖	혼자	名词/副词	单独，独自
			할인	名词	打折扣
			특별하다	形容词	特别

133

第2回　全真模拟题

听力			阅读		
单词	词性	中文	单词	词性	中文
비싸다	形容词	贵	생일	名词	生日
자주	副词	经常，常常	아프다	形容词	痛
주말	名词	周末	자주	副词	经常，常常
미안하다	形容词	对不起	어렵다	形容词	难，困难
뛰다	动词	跑	박물관	名词	博物馆
수영	名词	游泳	데우다	动词	热，加热
거실	名词	客厅	식당	名词	餐厅，饭店
방학	名词	放假	백화점	名词	百货商场
계절	名词	季节	구경	名词	观看，参观
맵다	形容词	辣	시장	名词	市场
들어가다	动词	进入，进去	친절하다	形容词	亲切
돕다	动词	帮助	변하다	动词	变化
이사	名词	搬家	포장	名词	包装
팔다	动词	卖	재료	名词	材料
운전	名词	驾驶，开车	바쁘다	形容词	忙，忙碌
결혼식	名词	婚礼	기쁘다	形容词	高兴
바꾸다	动词	改变	불편하다	形容词	不方便
수리	名词	修理	긴장	名词	紧张
날씨	名词	天气	연락	名词	联络，联系
미끄럽다	形容词	滑，光滑	화장실	名词	洗手间
			더럽다	形容词	脏
			후회하다	动词	后悔

第3回　全真模拟题

听力			阅读		
单词	词性	中文	单词	词性	中文
만나다	动词	见面	조용하다	形容词	安静
어디	代词	哪儿，哪里	사용하다	动词	使用
주무시다	动词	睡觉（"자다"的敬语）	여행	名词	旅行
결혼하다	动词	结婚	요리	名词	料理
우체국	名词	邮局	외국어	名词	外语
날씨	名词	天气	후회하다	动词	后悔
날짜	名词	日期	상처	名词	伤口，伤痕
우산	名词	雨伞	이삿짐	名词	搬家时搬运的行李
근처	名词	附近	휴가	名词	休假
비다	动词	空	연습	名词	练习
사고	名词	事故	메뉴	名词	菜单
천천히	副词	慢慢地，缓慢地	스트레스	名词	压力
관심	名词	关心	계절	名词	季节
공연	名词	表演，演出	온도	名词	温度
연습	名词	练习	방문하다	动词	拜访
예매	名词	预购；预售	잊어버리다	动词	忘记
경기	名词	比赛			
퇴근	名词	下班			
고르다	动词	挑，挑选			
원하다	动词	希望			

第4回　全真模拟题

听力			阅读		
单词	词性	中文	单词	词性	中文
감사	名词	感谢	졸업하다	动词	毕业
공항	名词	机场	일어나다	动词	起来
도서관	名词	图书馆	모임	名词	聚会
숙제	名词	作业	약국	名词	药店
편의점	名词	便利店	쇼핑	名词	购物
약속	名词	约定	눈	名词	雪
태어나다	动词	出生	인기	名词	人气
주문하다	动词	订购；点（菜）	운동	名词	运动
선물	名词	礼物	직업	名词	职业
출근하다	动词	上班	감상	名词	欣赏
관심	名词	关心	건조하다	形容词	干燥
아르바이트	名词	打工	추억	名词	回忆
힘들다	动词	吃力，辛苦	대화	名词	对话
재미없다	形容词	没意思	출퇴근	名词	上下班
건강	名词	健康	가르치다	动词	教
소개하다	动词	介绍	불안하다	形容词	不安
신청	名词	申请	참가하다	动词	参加
고장	名词	故障	변경	名词	变更
신고	名词	申报	전통	名词	传统
도전	名词	挑战	키우다	动词	养育；培养

附录 2　填字游戏

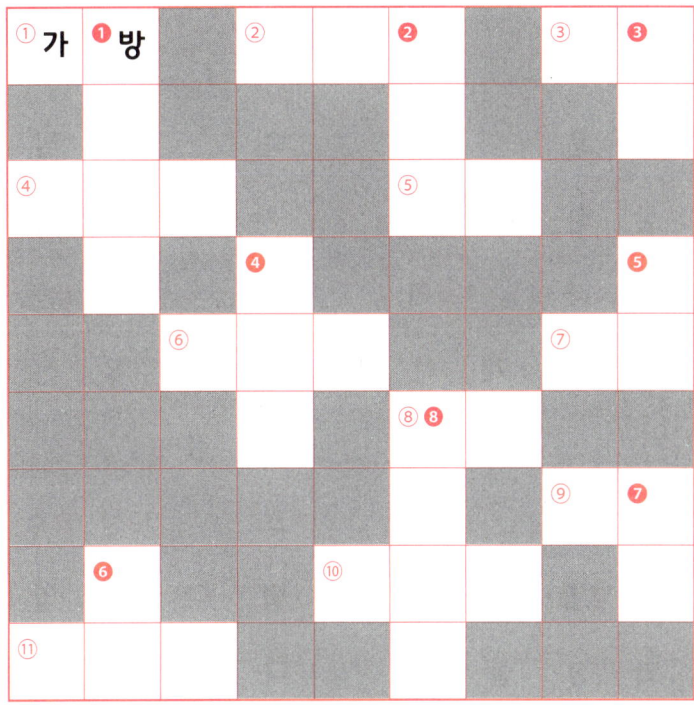

가로 문제

① 물건을 넣어 손에 들거나 어깨에 멜 수 있게 만든 것 → 가방
② 어떤 사람에게서 혹은 자리, 장면 등에서 느껴지는 기분
③ 같은 일이 되풀이되는 간격이 짧게
④ 사람이 다치거나 음식이 썩다
⑤ 사진기로 사물을 찍어 종이나 컴퓨터 등에 나타낸 영상
⑥ 높은 분이나 어른이 어느 곳에 있다
⑦ 긴 막대 위에 지붕 같은 막을 펼쳐서 비가 올 때 손에 들고 머리 위를 가리는 도구
⑧ 상품을 사고파는 곳
⑨ 운동 경기에서 대표로 뽑힌 사람. 또는 스포츠가 직업인 사람
⑩ 깨끗하지 못하거나 지저분하다
⑪ 대변과 소변을 몸 밖으로 내보낼 수 있게 시설을 만들어 놓은 곳

세로 문제

❶ 사람을 만나거나 무엇을 보기 위해 어떤 장소를 찾아가다
❷ 학생이나 직원들이 먹고 잘 수 있도록 학교나 회사가 제공하는 시설
❸ 한 주일의 끝인 토요일과 일요일
❹ 물 등의 액체를 목구멍으로 넘기다
❺ 운동이나 놀이 등의 목적으로 산에 올라감
❻ 금융 기관에서 돈을 맡긴 사람에게 돈을 맡기고 찾은 내역을 적어 주는 것
❼ 학문이나 기술을 배우고 익힘
❽ 소리가 크고 떠들썩하다

附录 3　找错题

잘못된 부분을 찾아 고치면서 나의 한국어 실력을 확인해 보세요!

날자: ○월 ○일
날씨: 비

오늘은 하루 종일 비를 왔습니다.
그런데 어제 어학당에 우산을 두고 와서
집에는 우산이 업었습니다.
그래서 약속을 치소하고
불고기를 먹으면서 집에서 놀았습니다.
하숙집 아주머니가 김치찌게도 해 주셨습니다.
조금 매웠지만 맛잇었습니다.
친구와 만나지 못해 조금 아쉬웠지만
그래도 즐거운 하루였습니다.

모두 잘 찾았나요?

날자: ○월 ○일 　　　　　　　　　　　　　　→ 날짜
날씨: 비

오늘은 하루 종일 **비를** 왔습니다. 　　　　　→ 비가
그런데 어제 어학당에 우산을 두고 와서
집에는 우산이 **업었습니다**. 　　　　　　　　→ 없었습니다
그래서 약속을 **치소하고** 　　　　　　　　　→ 취소하고
불고기를 먹으면서 집에서 놀았습니다.
하숙집 아주머니가 **김치찌게도** 해 주셨습니다. → 김치찌개
조금 매웠지만 **맛잇었습니다**. 　　　　　　　→ 맛있었습니다
친구와 만나지 못해 조금 아쉬웠지만
그래도 즐거운 하루였습니다.

附录 4　TOPIK口语考试

01　考试介绍

1. 应试对象

母语不是韩国语的人
- 韩国语学习者和有赴韩留学意向者
- 有在韩国企业和公共机构就业意向者
- 现就读于或已毕业于韩国境外学校的韩国人

2. 考试目的

- 为学习者指明韩国语学习方向，即学习者要以提高沟通能力为主
- 通过测评学习者的韩国语沟通能力，引导其将韩国语活用于赴韩留学、就业等时

3. 考试应用

- 申请韩国政府奖学金（GKS），该项目面向优秀自费留学生（获得4级及以上成绩者统一加3分）
- 外国人及在国外休完12年教育课程的韩国侨胞申请就读韩国的大学或评奖学金
- 韩国企业选拔员工以及对员工进行人事考核
- 在韩国申请办理居留签证

4. 成绩有效期

自考试成绩公布之日起两年内

5. 测评标准

- 正确理解问题，并且做出与问题相符的回答
- 使用符合情境的词汇和表达方式
- 使用对方能理解的发音、语调、语速说话

测评标准

题目完成度	• 使用了恰当的内容回答问题？ • 全面回答了问题？ • 答题时逻辑清晰？
语言运用	• 使用了符合情境的语言？ • 使用了丰富的词汇和表达方式？ • 正确使用了词汇和表达方式？
语言表达力	• 发音和语调能被理解？ • 语速自然？

6. 测评等级

- 1～6题的分数是根据项目反应理论计算出的标准分数。
- 200分为满分，各级别的测评标准如下表所示。
- 0～19分为不及格。

各级别的测评标准

等级	分数	标准
1级	20～49分	• 听到有关熟悉的日常话题的问题后能够简单作答 • 能使用的语言非常有限，并且错误频出 • 发音、语调、语速非常不自然，在语义传达方面存在障碍
2级	50～89分	• 能在熟悉的社会情境下对日常话题进行提问或回答 • 能使用的语言有限，个别地方表达得不符合情境，并且错误频出 • 发音、语调、语速不自然，在语义传达方面存在些许障碍
3级	90～109分	• 能比较具体地谈论熟悉的社会话题 • 能根据情境使用比较丰富的词汇和表达方式，但错误较多 • 发音、语调、语速有些不自然，但在语义传达方面不存在大的障碍
4级	110～129分	• 基本能具体地、有条理地谈论一部分社会话题 • 基本能根据情境使用丰富的词汇和表达方式，但错误较多 • 发音、语调、语速比较自然，并且在语义传达方面基本不存在障碍
5级	130～159分	• 基本能有逻辑地谈论社会话题或一部分抽象话题，并且能保持前后内容一致 • 偶尔有错误，但能根据情境使用丰富的词汇和表达方式 • 发音、语调、语速比较自然，并且在语义传达方面达到良好水平
6级	160～200分	• 能有逻辑地谈论社会话题或抽象话题，并且能保证内容具有说服力 • 基本没有错误，并且能根据情境使用非常丰富的词汇和表达方式 • 发音、语调、语速自然，并且在语义传达方面达到优秀水平

※ 测评标准可能会发生变化，详细内容请见实施机构网站。

7. 试题构成

题号	题型	难度	分值	准备时间	作答时间
1	回答问题	初级	9分	20秒	30秒
2	看图片扮演角色	初级	9分	30秒	40秒
3	看图片说一说	中级	12分	40秒	60秒
4	完成对话	中级	12分	40秒	60秒
5	分析资料	高级	15分	70秒	80秒
6	提出建议	高级	15分	70秒	80秒

8. 考试注意事项

- 考试开始之前会给出测试耳机和话筒的练习题。该练习题不计入考试成绩。

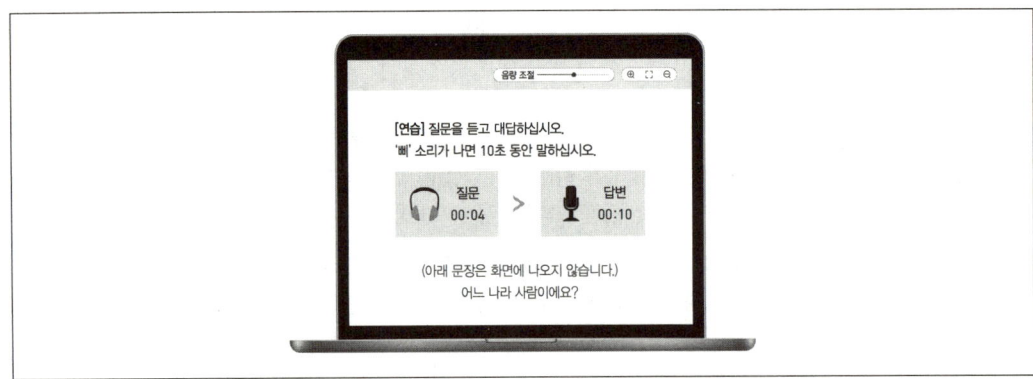

- 考试期间桌面上不允许出现除身份证以外的物品。考生如果将禁止携带的物品,如手机、电子词典等电子产品带入了考场,请一定将其交给监考老师。
- 考试结束后考生可以听自己录制的答案,但不能修改或变更答案。

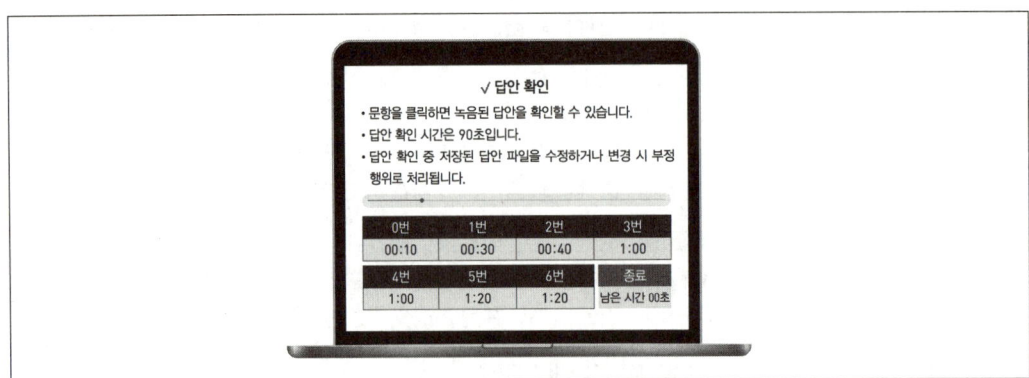

02 题型介绍

题型1　回答问题

- **水平**：初级
- **分值**：9分
- **内容**：听简单的问题，然后作答
  ↳ 日常生活中经常遇到的情况（自己、周围的人或物、简单的日常生活或计划等）

题目要求

질문을 듣고 대답하십시오. 20초 동안 준비하십시오. '삐' 소리가 끝나면 30초 동안 말하십시오.
请听问题并回答。准备时间为20秒。请在听到"嘀"声后30秒内作答。

例题

취미가 뭐예요? 그 취미에 대해 이야기하세요.
爱好是什么？请说一说这一爱好。

参考答案

　제 취미는 책 읽기예요. 일주일에 한 권씩 읽어요. 저는 무서운 이야기를 좋아해요. 슬픈 것도 잘 봐요. 저는 시간이 날 때 도서관에 가요. 주말에 서점도 자주 가요. 이번 주말에도 친구와 함께 서점에 갈 거예요.
　我的爱好是读书。我每周读一本书。我喜欢恐怖故事。我也喜欢看悲伤的故事。我有时间的时候会去图书馆。我周末也经常去书店。我这周末也要和朋友一起去书店。

备考秘诀

　平时要掌握谈论自己、家人或朋友及其他人或物、简单的计划或经历等时需要的基础词汇和表达方式。多练习用丰富的句子谈论简单的内容。要充分利用答题时间，并且要多练习用正确的发音、自然的语调、合适的语速说话。

题型2　看图片扮演角色

- **水平**：初级
- **分值**：9分
- **内容**：看图片听简单的问题，然后以符合给出角色的身份作答
  ↳ 日常生活中经常遇到的情况（住房、环境、购物、公共设施、大众交通等）

143

> 题目要求

그림을 보고 질문에 대답하십시오. 30초 동안 준비하십시오. '삐' 소리가 끝나면 40초 동안 말하십시오.
请看图回答问题。准备时间为30秒。请在听到"嘀"声后40秒内作答。

> 例题

택시를 타고 왔습니다. 택시 기사에게 내리고 싶은 곳을 이야기하세요.
你是乘坐出租车来的。请告诉出租车司机你想在哪里下车。

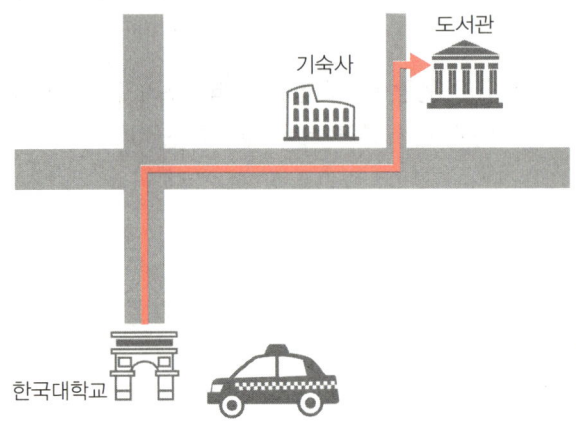

남자: 손님, 여기가 한국대학교 후문인데요. 여기서 내려 드릴까요?
男子：这里是韩国大学的后门，请问您在这里下车吗？

> 参考答案

여자: 아니요, 기사님. 학교 안에 있는 도서관까지 가 주세요. 후문으로 들어가면 사거리가 나오는데, 거기에서 오른쪽으로 가시면 돼요. 가다 보면 왼쪽에 기숙사가 나와요. 기숙사를 지나서 조금 더 가면 왼쪽에 작은 길이 있어요. 그 길로 조금 가면 오른쪽에 도서관이 있어요. 그 앞에서 내려 주세요.

女子：不，司机师傅，请开到学校里面的图书馆那里。从后门进去后会看到一个十字路口，从那里往右转。一直往前开，会看到左边有一栋宿舍楼。过了宿舍楼再往前开一点儿，会看到左边有一条小路。沿着那条小路往前开，就能在右边看见图书馆。请在图书馆前面停车。

> 备考秘诀

要掌握描述日常生活中常遇到的情况时需要的基础词汇和表达方式。多练习用多样的句子介绍新情况、讲述自己的需求等。要充分利用答题时间，并且要多练习用正确的发音、自然的语调、合适的语速说话。

题型3　看图片说一说

- **水平**：中级
- **分值**：12分
- **内容**：看连续的几幅图片，描写图片中的动作、状况、事件
  └ 日常生活中经历的各种情况（学校生活、职场生活、文化生活等）

题目要求

그림을 보고 순서대로 이야기하십시오. 40초 동안 준비하십시오. '삐' 소리가 끝나면 60초 동안 말하십시오.

请看图片，然后按顺序说一说。准备时间为40秒。请在听到"嘀"声后60秒内作答。

例题

영희 씨는 한 달 전에 쇼핑을 했습니다. 영희 씨가 산 것을 순서대로 설명하고, 그 결과 영희 씨가 어떻게 되었는지 말해 보세요.

英姬一个月之前去购物了。请按顺序说一说她买了哪些东西以及她最后怎么样了。

参考答案

　　영희 씨는 한 달 전에 혼자서 쇼핑을 했어요. 먼저 한 시에는 가방 가게에 갔어요. 새로 나온 가방이 꽤 비쌌지만 마음에 들어서 그냥 샀어요. 한 시 반에는 신발 가게에 갔어요. 의자에 앉아서 구두를 몇 켤레 신어 보면서 마음에 드는 구두를 한참 동안 찾았어요. 두 시간 후인 세 시 반에는 옷 가게에 갔어요. 옷 가게에서는 긴 팔 티와 짧은 치마를 사고, 입고 갔던 바지를 치마로 갈아입었어요. 한 달이 지난 뒤, 오늘 영희 씨는 돈이 하나도 없는 지갑을 보면서 슬퍼하고 있어요.

　　英姬一个月之前独自去购物了。下午1点英姬去了包店。新款包很贵，但是她很喜欢，就直接买了。下午1点半英姬去了鞋店。她试穿了几双皮鞋，找了半天自己喜欢的。两个小时后，也就是下午3点半英姬去了服装店。她在服装店里买了长袖T恤和短裙，并且换下了自己穿的裤子，穿上了短裙。一个月之后的今天，英姬看着自己分文没有的钱包很伤心。

备考秘诀

要掌握描写、叙述某状况时需要的词汇和表达方式。多练习用"누가（谁），언제（什么时候），어디에서（在哪里），무엇을（做了什么），어떻게（如何做），왜 하고 있는지（为什么做）"这类结构的句子描述熟悉的社会状况或日常生活等。要充分利用答题时间，并且要多练习用正确的发音、自然的语调、合适的语速说话。

题型4　完成对话

- 水平：中级
- 分值：12分
- 内容：听男子和女子在某种情况下的对话，然后扮演对话中的男子或女子完成对话。

题目要求

대화를 듣고 이어서 말하십시오. 40초 동안 준비하십시오. '삐' 소리가 끝나면 60초 동안 말하십시오.
请听对话，然后接着上面说话者的话说一说。准备时间为40秒。请在听到"嘀"声后60秒内作答。

例题

두 사람이 '노키즈 존'에 대해 이야기하고 있습니다. 남자의 마지막 말을 듣고 여자가 할 말로 대화를 완성해 보세요.
下面的两个人正在谈论"无儿童区"。请听完男子说的最后一句话后，完成女子接下来要说的话。

남자: 내년부터 우리 가게에도 아이들의 출입을 금지할 거라고 하던데, 얘기 들었어요?
여자: 네, 손님들이 불편하다고 항의를 해서 그런 것 같은데, 저는 사실 '노키즈 존'이 없어져야 한다고 생각해요.

남자: 하지만 저번에 가게에서 사고가 난 적도 있었잖아요. 안전을 위해서라도 '노키즈 존'이 있는 게 좋지 않을까요?

男子：从明年开始我们商店也会禁止儿童进入，你听说这件事情了吗？

女子：听说了。好像是因为客人们觉得不方便，提出了抗议。其实我觉得应该取消"无儿童区"。

男子：不过之前店里不是也出过事故嘛。为安全起见，也最好有"无儿童区"吧？

参考答案

여자: 저는 어른들이 사고 예방에 더 신경 쓰고 아이들을 교육하는 게 맞다고 생각해요. 대부분의 아이들은 어른에 비해 배워 나가야 할 것들도 더 많고요. 우리에게는 아이들이 다른 사람을 배려하는 마음을 가르칠 책임도 있어요. 사회 여러 곳에서 다양한 경험을 하게 하면서 그런 마음을 알려 줄 수 있다고 생각해요. 그리고 모든 아이들이 소란을 피우는 것도 아닌데, 무조건 나이가 어리다는 이유로 가게에 들어오지 못하게 한다면 그건 차별이라고 생각해요.

女子：我认为大人应该更加注意，以预防事故发生，并且要好好教育孩子。大部分孩子比大人要学的东西更多。我们有责任教导孩子如何去关怀别人。我们可以让孩子在社会上的许多地方经历各种事情，以此来告诉他们如何关怀别人。另外，并不是所有孩子都会捣乱，因为年龄小就不让他们进店其实是一种区别对待。

备考秘诀

要掌握忠告、拒绝别人等时需要的词汇和表达方式。多练习如何说出符合对话中心思想的内容。要充分利用答题时间，并且要多练习用正确的发音、自然的语调、合适的语速说话。

题型5　分析资料

- 水平：高级
- 分值：15分
- 内容：阅读并分析有关社会话题或抽象话题的资料，然后批判地陈述自己的意见
  └ 经济、科学、大众媒体、文化、艺术、政治、环境等

题目要求

자료를 설명하고 의견을 제시하십시오. 70초 동안 준비하십시오. '삐' 소리가 끝나면 80초 동안 말하십시오.

请说明一下资料并提出意见。准备时间为70秒。请在听到"嘀"声后80秒内作答。

> 例题

뉴스를 듣고 자료에 제시된 사회 현상의 변화를 설명하고, 이러한 현상이 나타난 이유를 두 가지 말하십시오.
请听新闻，然后说明一下资料中社会现象的变化情况，并且说出出现这种变化的两个原因。

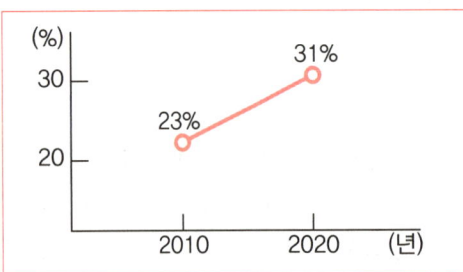 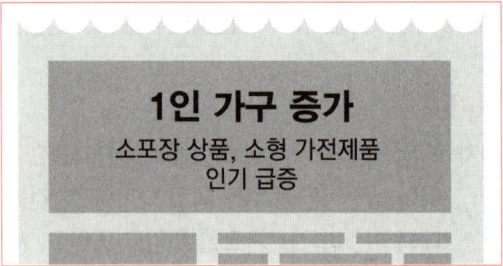

남자: 요즘 1인 가구가 점차 늘고 있는데요. 조사 결과 2010년부터 2020년까지 1인 가구 비율에 큰 변화가 있었습니다. 이와 함께 소포장 상품과 소형 가전의 인기도 상승하고 있다고 합니다.
男子：最近"一人户"越来越多了。调查结果显示，2010年到2020年"一人户"所占比例发生了很大的变化，与此同时，小包装商品和小型家电的人气也不断上涨。

> 参考答案

　　자료에 따르면 2010년부터 2020년까지 1인 가구의 비율은 23%에서 31%까지 증가했는데요. 1인 가구가 늘면서 소포장 채소나 한 토막씩 포장된 생선 같은 '소포장 상품'이나 1인용 전기밥솥, 초소형 세탁기 같은 '소형 가전제품'의 판매량도 늘어났다고 합니다.
　　이러한 변화가 나타난 이유는 여러 가지가 있지만 결혼에 대한 사회의 인식 변화와 고령화 현상을 대표적으로 들 수 있습니다. 과거에는 전통적인 가족 공동체의 모습을 만들고 유지하는 것을 당연하게 생각했지만, 요즘에는 개개인의 삶도 가족 공동체 못지않게 중요한 것으로 여기게 되면서 젊은 1인 가구가 늘어나게 된 것입니다. 또한 의학이 발달하면서 수명은 늘어났는데, 한국은 노인을 부양할 젊은 사람들이 부족합니다. 그래서 혼자 사시는 할아버지, 할머니가 많이 늘어날 수밖에 없는 것입니다.

　　资料显示，2010年到2020年"一人户"所占比例从23%上升到31%。另外，随着"一人户"的增长，小包的蔬菜、一段一段包装的鱼等小包装食品以及一人用电饭锅、迷你洗衣机等小型家电产品销量也增长了。
　　发生这样的变化有很多原因，但是婚姻观念的变化和老龄化现象可以说是最具代表性的两个原因。过去，人们认为创建并维系传统的家庭共同体是理所当然的事情，但是最近，人们认为个人的生活与家庭共同体同等重要，于是年轻的"一人户"越来越多了。另外，随着医学技术的发达，人们的寿命越来越长了。在韩国，赡养老人的年轻人严重不足。因此，独居的老爷爷、老奶奶只会越来越多。

备考秘诀

阅读完有关社会问题、抽象话题的资料（图表、新闻报道的标题等）后，要能够说明现状，并能够推测出以后可能会出现的情况。要用批判的眼光观察所给资料，并且要掌握陈述自己的意见时需要的词汇和表达方式。另外，还要接触各种资料，多练习在陈述自己的意见时如何保持前后观点一致。要充分利用答题时间，并且要多练习用正确的发音、自然的语调、合适的语速说话。

题型6　提出建议

- **水平**：高级
- **分值**：15分
- **内容**：针对专业知识、抽象话题、社会问题等，有逻辑地提出自己的意见，或者站在赞成或反对的立场上说一说自己的意见

题目要求

질문을 듣고 의견을 제시하십시오. 70초 동안 준비하십시오. '삐' 소리가 끝나면 80초 동안 말하십시오.

请听问题，然后提出自己的意见。准备时间为70秒。请在听到"嘀"声后80秒内作答。

例题

지도자는 자신이 속한 조직을 이끄는 사람입니다. 지도자의 생각과 행동은 조직은 물론 그 조직에 속한 구성원 전체에게 영향을 미칩니다. 훌륭한 지도자의 조건은 무엇이라고 생각합니까? 지도자가 갖춰야 할 조건 두 가지와 그 근거를 말하십시오.

领导者是引领所在组织的人。领导者的想法和行动会影响组织和组织的所有成员。你认为成为优秀的领导者需要具备什么条件？请说出领导者必须具备的两个条件，并且说一说自己的依据。

参考答案

지도자가 조직 내에서 어떤 역할을 하는가에 따라서 조직이 발전할 수도 있고 그렇지 않을 수도 있는데요. 저는 좋은 지도자는 공정함과 책임감을 중요하게 여기는 사람이라 생각합니다. 우선, 지도자는 조직의 구성원을 차별하지 않고 그들이 능력을 충분히 발휘할 수 있도록 공평하고 올바른 태도를 항상 유지해야 합니다. 조직의 구성원들이 모두 납득할 수 있는 기준을 가지고 사람을 대하는 것은 물론 일을 처리하거나 문제 상황에 대처해야 합니다.

다음으로 좋은 지도자는 책임감을 가지고 있어야 합니다. 기본적으로 지도자는 결정을 하는 위치에 있는 사람입니다. 그런데 일을 하다 보면 일이 계획대로 진행되지 않거나 생각지도 못했던 난관에 부딪히게 되기도 합니다. 따라서 지도자는 위기에 직면해도 회피하지 않고 그 결과에 책임지겠다는 의지를 가지고 있어야 합니다.

　이 외에도 좋은 지도자라면 갖추어야 할 것이 많지만, 저는 공정함과 책임감, 이 두 가지가 가장 중요한 조건이라고 생각합니다.

　　领导者在组织内发挥什么作用，可能会影响公司的发展。我认为，好的领导者应该是重视公正性、责任感的人。首先，领导者对组织成员要一视同仁，要保持公平、公正的态度，使组织成员能够充分发挥其能力。要以组织成员能接受的标准对待人、处理事情、应对问题。

　　其次，好的领导者应该有责任感。一般来说，领导者拥有决策权，但是在工作过程中，会遇到工作没有按计划进行的情况，也会遇到意想不到的困难。面对危机，领导者应该坚决做到困难面前不回避，并且要敢于为结果负责。

　　除此以外，好的领导者还需要具备很多条件，但是我认为公正性和责任感是最重要的两个条件。

备考秘诀

　　为了能够提出有关社会问题或抽象话题的依据和意见，要积累相关背景知识并掌握相关词汇和表达方式。另外，为了准确表达自己的意见，要多练习如何保证自己所说的内容符合题目要求、有逻辑性和说服力。要充分利用答题时间，并且要多练习用正确的发音、自然的语调、合适的语速说话。

한국어능력시험 TOPIK I
실전 모의고사 답안지
듣기, 읽기

본 답안지는 연습용 모의 답안지입니다.

한국어능력시험 TOPIK I
실전 모의고사 답안지
듣기, 읽기

한국어능력시험 TOPIK I
실전 모의고사 답안지
듣기, 읽기

본 답안지는 연습용 모의 답안지입니다.

한국어능력시험 TOPIK I
실전 모의고사 답안지
듣기, 읽기

第1回 全真模拟题

答案与解析

听力 (01~30)

答案

01	02	03	04	05	06	07	08	09	10
③	②	④	①	①	④	②	③	④	④
11	12	13	14	15	16	17	18	19	20
③	②	④	①	③	②	④	③	②	①
21	22	23	24	25	26	27	28	29	30
④	④	②	③	①	③	④	③	②	④

解析

※ [01~04] 听录音，仿照示例选择正确答案。

01 （4分）

> 여자: 모자를 사요?
> 남자: _____

女子问男子是否买帽子。男子需要使用"네（是）"或"아니요（不）"回答，应该回答"네, (모자를) 사요（是，买帽子）"或"아니요, (모자를) 안 사요/아니요, (모자를) 사지 않아요（不，不买帽子）"。

02 （4分）

> 남자: 옷이 비싸요?
> 여자: _____

男子问女子衣服贵不贵。如果衣服贵，女子应该回答"네, (옷이) 비싸요（是，衣服贵）"；如果衣服不贵，女子应该回答"아니요, (옷이) 안 비싸요/아니요, (옷이) 비싸지 않아요（不，衣服不贵）"。

03 （3分）

여자: 누구와 영화를 봤어요?
남자: _____

"누구（谁）"在这里用来询问共同做某事的对象。女子问男子是和谁一起看的电影。男子应该回答"친구하고 봤어요/친구와 봤어요（是和朋友一起看的）"。

04 （3分）

남자: 무슨 공부를 해요?
여자: _____

"무슨（什么）"用来询问种类、领域等。男子问女子学习什么。女子应该回答"한국어를 배워요（学习韩国语）"。

※ [05～06] 听录音，仿照示例选择男子或女子接下来可能会说的话。

05 （4分）

남자: 내일이 제 생일이에요.
여자: _____

男子说明天是自己的生日。女子接下来可能会向男子表示祝贺，应该说"축하합니다（生日快乐）"。

06 （3分）

여자: 김진수 씨 좀 바꿔 주세요.
남자: _____

女子想和金镇洙通话。男子应该回答"잠깐만 기다려 주세요（请稍等）/네, 바꿔 드릴게요（好，我为您转接）"。

※ [07~10] 这是哪里？仿照示例选择正确答案。

07 （3分）

> 여자: 저 앞에서 내릴게요.
> 남자: 네, 알겠습니다.

女子说要在前面下车，所以她现在应该在"택시（出租车）"上。

08 （3分）

> 남자: 사람들이 정말 많네요.
> 여자: 네, 가구는 몇 층에 있을까요?

人多且卖家具的地方应该是"백화점（百货商场）"。

09 （3分）

> 여자: 여기도 교실이에요?
> 남자: 아니요. 여기는 학생들의 휴게실이에요.

男子和女子提到了"교실（教室），학생들의 휴게실（学生休息室）"，所以他们应该在"학교（学校）"。

10 （4分）

> 남자: 인터넷으로 예약하셨군요. 방은 402호입니다.
> 여자: 네, 알겠습니다.

男子说女子是在网上预订的，并且告诉了女子她的房间号，所以他们应该在"호텔（宾馆）"。

※ [11~14] 他们在谈论什么？仿照示例选择正确答案。

11 （3分）

> 여자: 주말에는 보통 뭐 해요?
> 남자: 그림을 그려요. 저는 그림을 아주 좋아해요.

女子问男子周末一般做什么，男子回答画画儿，并且说自己喜欢画画儿，所以他们在谈论"취미（爱好）"。

12 （3分）

> 남자: 여기는 뭐 하는 곳이에요? 좀 시끄럽네요.
> 여자: 그럼 안으로 들어갈까요?

男子说现在所在的地方太吵了，女子提议到里面去，所以他们在谈论所在的"장소（场所）"。

13 （4分）

> 여자: 진수 씨, 누나도 있어요?
> 남자: 아니요. 저는 형만 한 명 있어요.

女子问男子有没有姐姐，男子说自己没有姐姐，只有一个哥哥，所以他们在谈论"가족（家人）"。

14 （3分）

> 남자: 며칠에 출발해요?
> 여자: 5월 3일에 출발해요.

男子问女子几号出发，女子回答5月3日，所以他们在谈论"날짜（日期）"。

※ [15～16] 听对话，选择合适的图片。（各4分）

15

> 여자: 어제부터 머리가 계속 아픈데요.
> 남자: 그럼 이 약을 먹어 보세요.

女子说自己从昨天开始一直头痛，男子就让她"이 약을 먹어 보세요（服用这种药）"，所以女子应该正在药店买药。

16

> 남자: 이 꽃 참 예쁘네요. 얼마예요?
> 여자: 그건 이만 원이에요.

男子看着花说花很漂亮，并且问女子花的价钱，女子回答"이만 원（2万韩元）"，所以男子应该正在花店买花。

※ [17~21] 听录音，仿照示例选择与对话内容一致的选项。（各3分）

17

> 남자: 사라 씨, 다음 주에 고향으로 돌아가지요?
> 여자: 아니요. 이번 주 토요일 저녁 비행기로 가요.
> 남자: 그래요? 그럼 오늘 저녁 같이 먹어요.

男子和女子在谈论女子要回家乡的事情。
① 男子预订了餐厅。→对话中没有提到这一内容，只是说男子提议今天和女子一起吃晚饭。
② 女子下周回家乡。→女子这周六回家乡。
③ 男子和女子一起回家乡。→只有女子回家乡。
④ 女子（这周六）晚上要坐飞机。

18

> 여자: 커피를 마실까요?
> 남자: 저는 주스를 마실게요. 커피는 아침에 마셨어요.
> 여자: 그럼 저도 주스를 마실게요. 케이크도 하나 먹을까요?
> 남자: 네, 좋아요.

男子和女子在谈论要点什么喝的和吃的。
① 男子讨厌咖啡。→对话中没有提到这一内容，只是说男子早上喝了咖啡。
② 女子要点咖啡。→女子和男子一样，也要点果汁。
③ 男子要喝果汁。
④ 女子早上吃了蛋糕。→男子和女子要在这里吃蛋糕。

19

> 남자: 지금 회의를 시작하기가 힘들 것 같아요.
> 여자: 무슨 문제가 있어요?
> 남자: 여기 인터넷이 잘 안 돼서요. 시간이 좀 걸릴 것 같은데요.
> 여자: 알겠어요. 그럼 회의 자료를 보면서 기다려야겠네요.

男子和女子在谈论有关网络会议的事情。
① 男子不能参加会议。→男子现在在要开会的地方。
② 女子要看会议资料。
③ 女子要现在开始会议。→女子要边看会议资料边等待。
④ 男子在利用网络查找资料。→现在网络出了问题。

20

> 여자: 네, 하나 식당입니다.
> 남자: 위치를 좀 알고 싶은데요. 한국 서점 옆에 있나요?
> 여자: 아니요. 서점 건너편에 있습니다.
> 남자: 아, 알겠습니다.

男子在询问女子餐厅的位置。
① 女子在餐厅工作。
② 男子去过餐厅。→男子没去过餐厅，所以在问餐厅的位置。
③ 女子不知道书店的位置。→女子知道书店的位置，说餐厅在书店对面。
④ 男子要在书店旁边见女子。→男子问女子餐厅是否在书店旁边，女子告诉男子餐厅在书店对面。

21

> 여자: 진수 씨, 아르바이트할 곳을 찾았어요?
> 남자: 아니요, 아직 못 찾았어요.
> 여자: 놀이공원에서 방학 동안 아르바이트할 사람을 찾고 있는데, 같이 신청해 볼래요?
> 남자: 놀이공원 아르바이트는 안 해 봤는데요. 그럼 같이 한번 신청해 봐요.

男子和女子在谈论打工的事情。
① 女子在打工。→女子在找打工的地方。
② 女子喜欢去游乐园。→对话中没有提到这一内容，只是说游乐园在招人，女子想和男子一起报名。
③ 男子在游乐园工作过。→男子没有在游乐园打过工。
④ 男子还没有找到打工的地方。

※ [22～24] 听录音，选择<u>女子</u>想表达的中心思想。（各3分）

22

> 남자: 어제는 좀 쉬었어요?
> 여자: 오전에는 청소를 하고 오후에는 강에 가서 친구와 자전거를 탔어요.
> 남자: 일요일에는 집에서 푹 쉬는 게 좋지 않아요?
> 여자: 주말에도 밖에 나가서 운동을 좀 하는 게 저는 좋더라고요. 너무 쉬기만 하면 월요일에 오히려 더 피곤해서요.

男子在问女子周日是怎么度过的。
① 每天都必须打扫卫生。→对话中没有提到这一内容，只是说女子周日上午打扫卫生了。

② 周日应该好好休息。→女子说如果周末过度休息，周一就会更疲惫。
③ 如果忙，也可以不做运动。→对话中没有提到这一内容，只是说女子觉得周末也出去运动一下比较好。
④ 周日也运动一下比较好。

23

> 남자: 손님, 두 분이세요? 여기에 이름을 써 놓고 기다리시면 됩니다.
> 여자: 얼마나 기다려야 돼요?
> 남자: 지금 점심시간이라서요. 두 사람 자리는 30분쯤 기다리셔야 합니다.
> 여자: 그럼 그냥 갈게요. 그렇게 오래 기다릴 필요는 없을 것 같아요.

男子是餐厅的服务员，女子是来餐厅的客人，女子在问男子自己需要等多长时间。
① 如果想等位，就要先登记一下名字。→这是男子向女子说的内容。
② 不想在餐厅前面等很长时间。
③ 午饭时间去餐厅用餐比较麻烦。→午饭时间需要等位很久是事实，但不是女子的想法。
④ 30分钟内吃完午餐比较好。→对话中没有提到这一内容，只是说两人位需要等30分钟左右。

24

> 남자: 저한테 돈을 주시겠어요? 제가 모두 카드로 계산할게요.
> 여자: 여기 있어요. 그런데 현금은 하나도 안 가지고 다니시나 봐요.
> 남자: 네. 현금은 불편해서 카드만 가지고 다녀요.
> 여자: 그런데 카드만 계속 쓰면 계획에 없던 돈도 쓰게 되지 않나요?

男子和女子在谈论使用银行卡的事情。
① 带现金不方便。→这是男子的想法。
② 使用银行卡的人越来越多了。→对话中没有提到这一内容。
③ 如果使用银行卡，就会花更多的钱。
④ 如果有现金，就可以不带银行卡。→对话中没有提到这一内容，女子只是说了自己对不带现金而只使用银行卡这一情况的看法。

※ [25～26] 听录音，回答问题。

25～26

> (딩동댕)
> 여자: 잠시 안내 말씀 드립니다. 다음 달에 열리는 '남산 걷기 대회'의 참가 신청이 내일까지입니다. 그런데 아직 신청을 하신 분이 많지 않습니다. 이번 대회에는 선생님과 학생들이 모두 참가할 수 있으니 많은 관심과 신청 부탁드립니다. 자세한 내용은 학교 홈페이지를 참고해 주세요.

25 选择女子说这段话的原因。（3分）
① 为了让更多的人报名参赛→女子希望老师和学生们能踊跃报名参加"南山徒步大赛"。

26 选择与录音一致的选项。（4分）
① 报名的人很多。→报名的人还不是很多。
② 网站上没有关于比赛的信息。→登录学校网站可以获知有关比赛的详细信息。
③ 报名时间截止到明天。
④ 只有学生能参加此次比赛。→老师和学生们都可以参加此次比赛。

※ [27～28] 听录音，回答问题。

27～28

> 여자: 네, 하나 쇼핑입니다. 뭘 도와 드릴까요?
> 남자: 주문한 옷을 받았는데 옷이 좀 작아서요.
> 여자: 그럼 더 큰 것으로 바꿔 드릴까요?
> 남자: 네, 더 큰 옷으로 하고 색깔도 파란색으로 바꾸고 싶어요.
> 여자: 알겠습니다. 그럼 받으신 옷을 저희 회사로 보내 주시겠어요?
> 남자: 네, 그렇게 할게요. 그럼 내일 우체국에 가서 보내 드리겠습니다.

27 选择男子和女子正在谈论的内容。（3分）
④ 换衣服的方法→男子买了衣服后想换货，女子在问他想要换成什么样的，并告知他如何换货。

28 选择与录音一致的选项。（4分）
① 女子要在公司见男子。→男子要把衣服寄到公司。
② 男子下周打算买衣服。→男子购买的衣服有点儿小，他想换货。
③ 男子想把衣服换成其他颜色的。
④ 女子要去邮局给男子寄衣服。→男子要去邮局给购物中心（公司）寄衣服。

※ [29～30] 听录音，回答问题。

29～30

> 여자: 김진수 씨, 세계적인 영화제에서 큰 상을 받으셨는데요. 정말 축하드립니다.
> 남자: 감사합니다. 하지만 그 상은 한 명의 배우에게 주는 상이 아니라, 영화를 만든 사람들과 극장을 찾아 준 모든 분들께 주신 상이라고 생각합니다.

> 여자: 두 시간이 넘는 긴 영화인데, 혹시 영화를 찍는 동안 힘든 점은 없으셨나요?
> 남자: 네, 사실 영화 대부분을 겨울에 찍었는데요. 날씨가 너무 춥고 눈도 많이 와서 힘들었습니다. 하지만 그렇게 힘들게 찍었기 때문에 좋은 결과가 나온 것 같습니다.
> 여자: 영화제가 끝난 지 얼마 안 됐지만 다음 영화도 준비하고 계신가요?
> 남자: 그렇습니다. 새 영화는 산을 지키려고 노력하는 사람들의 이야기인데요. 아마 한국의 아름다운 산들을 많이 보여 드릴 수 있을 것 같습니다.

29 选择男子拍电影时感到辛苦的理由。（3分）

① 因为天气冷，还下了大雪→男子说电影是在冬天拍摄的，当时天气很冷，还下了很大的雪，所以拍摄过程中觉得很辛苦。

30 选择与录音一致的选项。（4分）

① 男子不喜欢冬天。→男子说自己是在冬天拍的电影，觉得很辛苦，并没有说自己是否喜欢冬天。
② 男子去电影院看了电影。→对话中没有提到这一内容。
③ 男子是和其他演员一起获的奖。→男子一个人获了奖，但是他认为这个奖属于参与制作与演出该电影的所有人。
④ 男子之后会在山上拍电影。

阅读 (31~70)

答案

31	32	33	34	35	36	37	38	39	40
③	④	②	③	③	①	②	②	④	③
41	42	43	44	45	46	47	48	49	50
①	④	②	③	①	②	②	④	①	③
51	52	53	54	55	56	57	58	59	60
③	④	②	④	①	④	①	③	②	②
61	62	63	64	65	66	67	68	69	70
②	④	④	③	④	③	②	①	①	②

> 解析

※ [31~33] 这是关于什么的内容？仿照示例选择正确答案。（各2分）

31
"바지（裤子），치마（裙子）"都属于"옷（衣服）"。

32
"어머니（母亲）"和"아버지（父亲）"即"부모님（父母）"。

33
"비빔밥（拌饭），불고기（烤肉）"都属于"음식（食物）"。

※ [34~39] 仿照示例选择适合填入（　　）中的选项。

34 （2分）
"비행기를 타다（乘坐飞机）"的地方是"공항（机场）"。

35 （2分）
与"아침에 일어납니다（早上起床）"对应的是"밤에 잡니다（晚上睡觉）"。

36 （2分）
从家到公司"한 시간쯤 걸립니다（大约需要1个小时）"，这说明家距离学校"멉니다（远）"。

37 （3分）
我今天很忙，还没吃午饭。"아직（还，仍）"一般与"-지 않다，못"等否定形式连用。

38 （3分）
我在百货商场买了"가방（包）"，"도（也）"买了"구두（皮鞋）"。

39 （2分）
"그림을 그리다（画画儿）"是固定搭配，这里应该使用过去式"그렸습니다"。

※ [40~42] 阅读给出的内容，选择错误的选项。（各3分）

40
③ 午饭时间到下午1点。→下午1点到2点是午饭时间。

41
① 小狗是在超市里丢的。→小狗是在韩国超市附近丢的。

42
④ 沙拉现在和娜英在一起。→娜英给沙拉发了信息，她们两个人不在一起。

※ [43～45] 选择与给出的内容一致的选项。

43　（3分）
① 我擅长做菜。→文中没有提到这一内容，只是说晚上回到家丈夫打扫卫生，而我准备晚饭。
② 我在家吃晚饭。
③ 丈夫在家做公司的工作。→文中没有提到这一内容，只是说我和丈夫晚上下班回家后会打扫卫生、做饭。
④ 丈夫不关心家务。→我和丈夫一起做家务。

44　（2分）
① 我最近时间很多。→我想经常去爬山，但是没有时间。
② 一个人去爬山很危险。→我喜欢一个人去爬山。
③ 我喜欢爬山。
④ 上山很困难。→文中没有提到这一内容。

45　（3分）
① 明天不下雨。
② 今天晚上会下大雨。→晚上雨会停。
③ 今天下午天气会转晴。→雨会一直下到下午。
④ 首尔很久没有下雨了，将要下雨。→文中说"首尔今天也会下大雨"，可见首尔此前也下了雨。

※ [46～48] 阅读给出的内容，选择中心思想。

46　（3分）
② 我对新家很满意。→我上周搬到了新家。新家既宽敞又干净，距离地铁站和市场也很近，交通、生活都便利，所以我对新家很满意。

47　（3分）
② 我想念济州岛。→我独自在首尔生活，很想念在家乡济州岛的家人和济州岛的美食。

48 （2分）

④ 我对外语学习非常感兴趣。→我现在在学习韩国语，有时间了还想学习汉语、日语、越南语等，也就是说我对学习各国语言非常感兴趣。

※ [49～50] 阅读给出的内容，回答问题。（各2分）

49 选择适合填入㉠处的选项。

"–(으)면"表示前面是后面的根据、条件。"운전을 하고 다니면서 예쁜 경치가 보이면 내려서 구경을 한다（驾驶途中，如果看见美景，就会下车欣赏）"是最恰当的。"–어도/아도/여도"表示让步，"–거나"表示选择，"–지만"表示转折。

50 选择与给出的内容一致的选项。

① 我开车开得很好。→文中没有提到这一内容，只是说我喜欢开车。
② 我最近经常旅行。→我最近很忙，几乎没有时间自驾游。
③ 我下班后开车。
④ 我边开车边欣赏风景。→驾驶途中，我如果看见美景，也会下车欣赏。

※ [51～52] 阅读给出的内容，回答问题。

51 选择适合填入㉠处的选项。（3分）

括号前面说"要根据衣服的种类选择洗衣液"，而括号后面说"经常使用洗衣液会损伤衣服、浪费水"，前后内容是相对立的，所以括号中应该使用表示转折、对立的"그러나/그런데（可是，但是）"。"그러면"表示"那么"，"그리고"表示"和，跟，并且"，"그러니까"表示"所以"。

52 选择短文的主要内容。（2分）

④ 用食盐洗衣服的效果→用洗衣机洗衣服时，不使用洗衣液，而加入适量食盐，能保护衣服的颜色、洗净脏衣服，这就是用食盐洗衣服的效果。

※ [53～54] 阅读给出的内容，回答问题。

53 选择适合填入㉠处的选项。（2分）

括号后面出现了"我按照网上的方法制作过化妆品，觉得不难"这一内容，所以括号中应该填入"직접 만들어서（亲手制作）"。

54 选择与给出的内容一致的选项。（3分）

① 我最近皮肤变差了。→文中没有提到这一内容，只是说我想使用更适合自己皮肤的化妆品。

② 我不使用化妆品。→我从不久前开始使用自己做的化妆品。
③ 我经常吃水果或蔬菜。→我使用水果、蔬菜等材料制作化妆品。
④ 我将和朋友们一起制作化妆品。

※ [55～56] 阅读给出的内容，回答问题。

55 选择适合填入㉠处的选项。（2分）
括号后面出现了"家里有了花园后，氛围变得明快了，空气也变得清新了，所以家人都很喜欢它"这一内容。由此可知，我"지금 화분들을 키우고 있습니다（现在在养花）"。

56 选择与给出的内容一致的选项。（3分）
① 我家客厅很小。→文中没有提到这一内容，只是说我在客厅一侧建了一个小花园。
② 我从事建花园的工作。→文中没有提到我的职业，只是说我在家里建了个小花园。
③ 家里很难放下大的花盆。→文中没有提到这一内容。
④ 小花园可以改变家里的氛围。

※ [57～58] 选择正确的排列顺序。

57 （3分）
(가) 我非常喜欢咖啡。
(나) 一般一天喝五杯左右。
(라) 但是晚上喝咖啡的话，有时候会难以入睡。
(다) 因此我晚饭后不喝咖啡。

58 （2分）
(다) 冬天为了让身体暖和，会穿很多件衣服。
(라) 但是如果穿得太厚，就会流汗，身体的温度会因此降低。
(나) 因此最好穿内衣。
(가) 穿内衣对皮肤也好。

※ [59～60] 阅读给出的内容，回答问题。

59 选择给出的句子适合插入的位置。（2分）
"－기 때문"表示原因、理由。所给句子提到游客喜欢穿着韩服欣赏景福宫的夜景，后面应连接说明其原因的句子，即"더 예쁘게 보이기 때문입니다（因为看起来更漂亮）"。

60 选择与给出的内容一致的选项。（3分）
① 只有晚上能参观景福宫。→文中没有提到这一内容，只是说最近直到深夜都能参观景

福宫。
② 如果穿上韩服，就可以免门票。
③ 游客们都穿着韩服去景福宫。→游客们喜欢穿着韩服去景福宫。
④ 去景福宫附近可以拍漂亮的照片。→很多人在景福宫内拍漂亮的照片。

※ [61～62] 阅读给出的内容，回答问题。（各2分）

61 选择适合填入㉠处的选项。

㉠前面出现了"体会到了与人一起的乐趣"这一内容，所以与人一起时"혼자 할 때보다 즐겁다（比独处时开心）"。

62 选择与给出的内容一致的选项。
① 我和朋友们一起生活。→文中没有提到这一内容，只是说我有很多朋友。
② 朋友们经常来我家。→文中没有提到这一内容。
③ 我上大学时第一次交朋友。→我上大学后慢慢喜欢上了和别人一起活动。
④ 我现在和朋友们相处得很融洽。

※ [63～64] 阅读给出的内容，回答问题。

63 选择写这篇文章的原因。（2分）
④ 为了介绍活动的日程和内容→写这篇文章是为了告知大家，在夏季来临之前，百货商场将举行夏季商品降价促销活动，并介绍活动的日程和内容。

64 选择与给出的内容一致的选项。（3分）
① 降价促销活动将举行一周。→百货商场将举行为期两周的夏季商品降价促销活动。
② 降价促销活动周一开始。→开始时间是周二。
③ 上午无法购买降价商品。
④ 活动期间还可以以便宜的价格购买家具。→活动商品不包含家具。

※ [65～66] 阅读给出的内容，回答问题。

65 选择适合填入㉠处的选项。（2分）

"–지만"表示转折，"–(으)려면"表示假设性意图，"–기 전에"表示"在……之前"，"–기 때문에"表示原因、理由。"다림질을 하는 효과（起到熨烫的作用），냄새도 없어지다（去除味道）"都是把衬衣挂在浴室的原因。

66 选择与给出的内容一致的选项。（3分）
① 在洗澡时洗衬衣很方便。→洗澡后将衬衣挂到浴室，能起到熨烫的作用，这很方便。

② 衬衣洗前熨烫比较好。→衬衣应该洗后熨烫。
③ 如果把衬衣挂到浴室，就可以不熨烫。
④ 旅行或出差时，穿裤子比穿裙子方便。→文中没有提到这一内容。

※ [67～68] 阅读给出的内容，回答问题。（各3分）

67 选择适合填入㉠处的选项。

韩屋之所以"낡았다（陈旧）"，是"지은 지 오래돼서（因为建了很久）"。

68 选择与给出的内容一致的选项。

① 人们在韩屋能感受到与众不同的氛围。
② 在韩屋的书店或咖啡馆里只有古代的物品。→在韩屋的书店或咖啡馆里也有现代的物品。
③ 很久以前的建筑不怎么受人们欢迎。→韩屋虽然陈旧，但是很受欢迎。
④ 如果去韩屋的咖啡馆，就能看见漂亮的照片。→也有很多人为了拍漂亮的照片而去韩屋的咖啡馆。

※ [69～70] 阅读给出的内容，回答问题。（各3分）

69 选择适合填入㉠处的选项。

括号前面出现了"단풍을 볼 수 있는（可以观赏枫叶的）"，而括号后面出现了"이런 봄과 가을이 짧아지고 있는 것 같다（这样的春天和秋天好像越来越短了）"。由此可知，括号中应该填写"가을이 그리울 겁니다（会想念秋天）"。

70 选择与给出的内容一致的选项。

① 我的家乡和韩国相似。→文中没有提到这一内容，只是说现在我在韩国生活得像在家乡一样舒适。
② 我马上要回法国了。
③ 我在法国吃不到韩国食物。→文中没有提到这一内容。
④ 我不喜欢韩国的夏天和冬天。→我也喜欢夏天和冬天，但是觉得春天和秋天变短了，就难以感受到四季的变化了，为此感到非常遗憾。

答案与解析

第2回 全真模拟题

听力 (01~30)

答案

01	02	03	04	05	06	07	08	09	10
②	④	③	①	③	②	①	④	③	②
11	12	13	14	15	16	17	18	19	20
④	①	③	②	④	③	②	④	②	④
21	22	23	24	25	26	27	28	29	30
③	①	②	④	④	③	②	①	④	③

解析

※ [01~04] 听录音，仿照示例选择正确答案。

01 （4分）

남자: 구두가 작아요?
여자: _____

男子问女子皮鞋小不小。女子需要使用"네（是）"或"아니요（不）"回答，应该回答"네, (구두가) 작아요（是，皮鞋小）"或"아니요, (구두가) 작지 않아요（不，皮鞋不小）"。

02 （4分）

여자: 커피를 마셔요?
남자: _____

女子问男子喝不喝咖啡。如果喝咖啡，女子应该回答"네, (커피를) 마셔요（是，喝咖啡）"；如果不喝咖啡，女子应该回答"아니요, (커피를) 마시지 않아요（不，不喝咖啡）"。

03 （3分）

남자: 어디에서 친구를 만나요?
여자: _____

"어디（哪里）"用来询问行为进行的地点。男子问女子要在哪里见朋友。女子应该回答"식당에서 만나요（在餐厅见）"。

04　(3分)

여자: 지금 뭐 해요?
남자: _____

"뭐/무어/무엇（什么）"用来询问不知道的事实或事物。女子问男子现在在做什么。男子应该回答"책을 읽어요（读书）"。

※ [05～06] 听录音，仿照示例选择男子或女子接下来可能会说的话。

05　(4分)

남자: 맛있게 드세요.
여자: _____

男子说"맛있게 드세요（请慢用）"，女子出于礼貌，接下来应该说"잘 먹겠습니다（我要开动了）"。

06　(3分)

여자: 늦어서 미안해요.
남자: _____

女子说"미안해요（对不起）"，以表示道歉，男子接下来应该说"괜찮아요/아니에요（没关系）"。

※ [07～10] 这是哪里? 仿照示例选择正确答案。

07　(3分)

여자: 시험 시간에는 책을 보지 마세요.
남자: 네, 선생님.

女子说考试期间不要看书，是在讲考试期间的注意事项，而男子听到女子的话后回答"네, 선생님（知道了，老师）"，所以他们应该在"교실（教室）"里。

08 (3分)

> 남자: 5분 후에 영화가 시작돼요.
> 여자: 빨리 자리에 앉읍시다.

男子说5分钟后电影就开始了，之后女子说赶紧坐下，所以他们应该在"극장/영화관（电影院）"里。

09 (3分)

> 여자: 조금 쉬어도 돼요?
> 남자: 아니요. 계속 뛰어야 해요.

女子问男子自己是否可以休息一下，男子说不可以休息，要继续跑，所以他们应该在"운동장（操场）"。

10 (4分)

> 남자: 어떤 게 좋아요?
> 여자: 저 그림이 제일 멋있어요.

女子说"그림이 멋있어요（画儿很美）"，所以他们应该在"미술관（美术馆）"里。

※ [11~14] 他们在谈论什么？仿照示例选择正确答案。

11 (3分)

> 여자: 요즘도 테니스를 쳐요?
> 남자: 아니요. 지난달부터 수영을 배워요.

男子和女子提到了"테니스를 쳐요（打网球），수영을 배워요（学游泳）"，所以他们在谈论"운동（运动）"。

12 (3分)

> 남자: 거실이 커요?
> 여자: 네, 거실도 크고 방도 커요.

男子问女子客厅大不大，女子说客厅和房间都很大，所以他们在谈论"집（房子）"。

13 （4分）

여자: 이번 방학에 뭐 할 거예요?
남자: 친구하고 여행을 가려고 해요.

女子问男子这个假期要做什么，男子说要和朋友去旅行，所以他们在谈论假期"계획（计划）"。

14 （3分）

남자: 이 김치가 어때요?
여자: 조금 맵지만 괜찮아요.

男子问女子泡菜怎么样，女子说泡菜有点儿辣，还不错，所以他们在谈论泡菜的"맛（味道）"。

※ [15～16] 听对话，选择合适的图片。（各4分）

15

여자: 언제 들어갈 수 있어요?
남자: 10분쯤 더 기다려 주세요.

女子问男子什么时候能进去，男子让她再等10分钟左右，所以女子应该正在餐厅外面排队等位。

16

남자: 좀 도와 드릴까요?
여자: 네. 그럼 이것만 들어 주실래요?

男子想帮助女子，女子就问他能不能帮自己提一下这个，所以女子应该正在递给男子一件东西，拜托他帮自己拿。

※ [17～21] 听录音，仿照示例选择与对话内容一致的选项。（各3分）

17

> 남자: 오늘 일찍 끝나지요? 저녁 같이 먹을까요?
> 여자: 그래요. 그럼 집에 와서 만들어 먹을까요?
> 남자: 그냥 식당에서 먹어요. 내가 예약할게요.

男子和女子在谈论有关今天晚饭的事情。
① 女子会早点儿去餐厅。→女子今天早下班。
② 男子要预订餐厅。
③ 男子在家做饭。→男子要和女子去餐厅吃晚饭。
④ 女子今天要在家休息。→女子今天上班。

18

> 여자: 이사할 집은 찾았어요?
> 남자: 아니요. 교통도 편하고 조용한 집으로 이사하고 싶은데 찾기가 어렵네요.
> 여자: 네, 그렇군요. 그런데 이사 날짜가 언제예요?
> 남자: 다음 달 15일이에요. 시간도 얼마 안 남아서 걱정이에요.

男子和女子在谈论有关搬家的事情。
① 男子将在15日后搬家。→男子下个月15日搬家。
② 女子住在地铁站附近。→对话中没有提到这一内容。
③ 女子打算帮男子搬家。→女子只问了男子是否找到了房子以及什么时候搬家。
④ 男子没有找到房子，正在为此发愁。

19

> 남자: 나영 씨, 아직도 머리가 아파요?
> 여자: 네, 계속 머리가 아프고 지금은 열도 많이 나요.
> 남자: 약은 먹었어요? 아니면 병원에 가 보는 게 어때요?
> 여자: 조금 전에 약을 먹었어요. 퇴근 후에 병원에 가 볼게요.

男子和女子在谈论女子的身体状态。
① 男子在医院工作。→男子劝女子去医院看看。
② 女子的身体状态一直不好。
③ 男子和女子一起下班。→对话中没有提到这一内容。
④ 女子因为肚子痛而吃了药。→女子因为头痛、发烧而吃了药。

20

> 여자: 이 빵은 두 개밖에 없어요?
> 남자: 네, 오전에 다 팔려서 다시 만들고 있습니다.
> 여자: 그럼 새 빵은 언제쯤 나와요?
> 남자: 두 시쯤 다시 나옵니다.

男子和女子在谈论面包什么时候出炉。
① 女子上午吃了面包。→对话中没有提到这一内容。
② 男子给了女子面包。→女子是来男子店里买面包的。
③ 男子今天卖了两个面包。→面包只剩下两个了。
④ 女子两点左右可以买新出炉的面包。

21

> 여자: 진성 씨, 운전을 할 줄 알지요?
> 남자: 네, 할 줄 알아요. 나영 씨도 요즘 운전을 배우고 있지요?
> 여자: 네, 운전 학원에 다니고 있어요. 그런데 생각보다 어려워요.
> 남자: 그럼 주말에 만나서 제 차로 같이 연습해요.

男子和女子在谈论有关女子练车的事情。
① 女子打算买汽车。→对话中没有提到这一内容，只是说女子最近在学车。
② 男子是驾校的教练。→对话中没有提到这一内容，只是说女子在驾校学车。
③ 女子最近在练车。
④ 男子周末会把车借给女子。→男子对女子说周末用他的车一起练习。

※ [22～24] 听录音，选择<u>女子</u>想表达的中心思想。（各3分）

22

> 남자: 어머니 선물을 좀 사려고 하는데요.
> 여자: 이 셔츠는 어떠세요? 어머니들에게 인기가 많은 옷이에요.
> 남자: 글쎄요. 색깔이 너무 밝은 것 같은데요.
> 여자: 이런 색깔이 좋아요. 밝은 색을 입으면 기분도 좋아지니까요.

男子想给妈妈买礼物，女子就建议他买一件亮色的衬衣。
① 衣服的颜色能影响心情。
② 妈妈们最喜欢收到衣服这种礼物。→对话中没有提到这一内容。
③ 挑选衣服的时候应该先看颜色。→对话中没有提到这一内容，只是说亮色能使人心情变好。

④ 最近穿衣好看的人非常受欢迎。→对话中没有提到这一内容，只是说这件衬衣非常受妈妈们欢迎。

23

남자: 결혼 축하해요. 행복하게 잘 사세요.
여자: 고마워요. 결혼식 끝나고 식당에서 다시 봐요.
남자: 아, 미안해요. 제가 오늘 일이 좀 있어서 결혼식 끝나기 전에 가야 될 것 같아요.
여자: 그럼 빨리 식당에 가서 식사하고 가세요. 여기까지 와 주었는데 그냥 가면 안 되지요.

男子来参加女子的婚礼，并向她表示祝贺，但因为有事情，要在婚礼结束之前提前离开。女子让男子去餐厅吃完饭再走。
① 想快点儿结束婚礼。→对话中没有提到这一内容。
② 希望男子吃完饭再走。
③ 一定要告知男子结婚的消息。→男子已经来参加了女子的婚礼。
④ 不需要邀请很多人来参加婚礼。→对话中没有提到这一内容。

24

남자: 나영 씨, 이거 정말 예쁘네요.
여자: 그래요? 전에 받은 선물 상자로 한번 만들어 봤어요.
남자: 상자를 버리지 않고 이렇게 필통으로 만드니까 여러 가지로 좋은데요.
여자: 네, 생각을 조금만 바꾸면 상자처럼 다시 쓸 수 있는 게 많은 것 같아요.

男子和女子在谈论女子用旧礼物盒做的笔筒。
① 不需要买笔筒用。→对话中没有提到这一内容。
② 礼物盒有多种用途。→对话中没有提到这一内容，只是说女子用礼物盒做了笔筒。
③ 不能丢掉收到的礼物。→不把礼物盒丢掉，而把它做成笔筒，有多种好处。
④ 物品最好不要丢弃，而要再利用。

※ [25～26] 听录音，回答问题。

25～26

(딩동댕)
여자: 승객 여러분께 잠시 안내 말씀드립니다. 지금 우리 열차는 출입문 고장으로 출발이 늦어지고 있습니다. 수리가 끝나면 출발할 예정입니다. 수리가 끝날 때까지 승객 여러분께서는 안전한 열차 안에서 기다려 주시기 바랍니다. 불편한 점이 있으시면 열차 안에 있는 전화를 이용해 말씀해 주십시오. 감사합니다.

25 选择女子说这段话的原因。（3分）
④ 告知乘客们火车的修理情况→女子告知乘客们火车车门出了故障，正在修理中。

26 选择与录音一致的选项。（4分）
① 今天无法乘坐火车。→火车将在车门修理好后开动。
② 车门修理好后，乘客们需要重新买票。→乘客们无须重新买票，只要在车内等待即可。
③ 火车将在车门修理好后开动。
④ 乘客们如果想打电话，就需要下车。→乘客们如果有不便之处，可以使用车内的电话告知女子一方。

※ [27~28] 听录音，回答问题。

27~28

여자: 이 사진은 어디에서 찍은 거예요?
남자: 작년 겨울에 한라산에 가서 찍은 사진이에요. 그런데 그날 날씨가 좋아서 사진도 잘 나온 것 같아요.
여자: 겨울에 등산을 하면 눈 때문에 위험하지 않아요? 날씨도 너무 춥고요.
남자: 네, 맞아요. 하지만 옷이나 신발 등을 잘 준비해서 가면 괜찮아요. 신발은 미끄럽지 않은 것을 신어야 하고요.
여자: 그럼 옷은 어때요? 두꺼운 옷으로 입는 게 좋지요?
남자: 아니요. 등산을 하면 땀이 많이 나니까 편하게 입고 벗을 수 있는 옷을 여러 벌 준비하는 게 좋아요.

27 选择男子和女子正在谈论的内容。（3分）
② 冬天爬山时应该准备的物品→男子对女子说冬天去爬山时应该准备好防滑的鞋、多件方便穿脱的衣服。

28 选择与录音一致的选项。（4分）
① 男子天气冷的时候也爬山。
② 女子喜欢冬天爬山。→女子认为如果冬天爬山，山路滑，天气冷，会很辛苦。
③ 男子冬天爬山是为了看雪。→对话中没有提到这一内容。
④ 女子今天要买爬山需要穿的衣服。→对话中没有提到这一内容。

※ [29~30] 听录音，回答问题。

29~30

여자: 이 영화에는 한국의 전통 놀이가 많이 나오는데요. 평소에도 전통 놀이에 관심이 많으셨어요?
남자: 아니요. 영화를 만들기 전에는 별로 관심이 없었어요. 그런데 젊은 주인공들이 다른 영화에서는 별로 하지 않는 것을 하면 재미있을 것 같았어요. 취미처럼요.
여자: 그렇군요. 요즘 모여서 그 전통 놀이들을 해 보는 사람들도 많은데요.
남자: 네, 저도 본 적이 있어요. 특히 영화의 주인공들과 나이가 비슷한 젊은 사람들이 하고 있는 걸 여러 번 봤어요.
여자: 기분이 참 좋으셨겠어요.
남자: 네, 제가 만든 영화를 많이 봐 주신 것도 감사하지만 전통 놀이가 젊은 사람들한테까지 많이 소개된 것 같아서 기뻤습니다.

29 选择男子在电影中插入传统游戏的理由。（3分）

④ 因为想给大家看其他电影中没有的东西→男子说之所以在电影中插入传统游戏，是因为他认为年轻的主人公们做其他电影中没怎么出现过的事情会很有趣。

30 选择与录音一致的选项。（4分）

① 男子最近经常做传统游戏。→最近有很多和电影主人公年龄相仿的年轻人聚在一起做传统游戏。
② 男子在准备新电影。→对话中没有提到这一内容。
③ 男子因为广泛传播了传统游戏而感到很高兴。
④ 男子想和年轻人一起制作电影。→对话中没有提到这一内容，只是说男子因为向很多年轻人介绍了传统游戏而感到高兴。

阅读 (31~70)

答案

31	32	33	34	35	36	37	38	39	40
②	①	④	②	③	①	④	③	②	②
41	42	43	44	45	46	47	48	49	50
②	③	①	②	④	②	③	④	③	①
51	52	53	54	55	56	57	58	59	60
②	④	①	④	③	②	①	③	②	①

61	62	63	64	65	66	67	68	69	70
③	④	④	②	③	④	②	④	①	③

解析

※ [31～33] 这是关于什么的内容？仿照示例选择正确答案。（各2分）

31
"밤（晚上），11시（11点）"都是表示"시간（时间）"的词。

32
"은행（银行），병원（医院）"都是表示"장소（场所）"的词。

33
"가방（包）"是过生日时收到的"선물（礼物）"。

※ [34～39] 仿照示例选择适合填入（　　）中的选项。

34 （2分）
"극장에 갑니다（去电影院）"一般是为了"영화를 봅니다（看电影）"。

35 （2分）
"약（药），밥（饭）"都可以和"먹다（吃）"搭配使用，但前面说"배가 아픕니다（肚子痛）"，所以后面应该说"약을 먹습니다（吃药）"。

36 （2分）
"만"表示"仅，只"。前面说"치마는 안 입습니다（不穿裙子）"，所以后面应该说"바지만 입습니다（只穿裤子）"。

37 （3分）
因为我喜欢散步，所以"자주 갑니다/많이 갑니다（经常去）"公园。

38 （3分）
考试成绩差说明考试题"어렵다（难）"，这里应该使用过去式"어려웠습니다"。

39 （2分）
"사진을 찍다（拍照）"是固定搭配。我在姐姐的婚礼上与家人合影。

※ [40～42] 阅读给出的内容，选择<u>错误</u>的选项。（各3分）

40
② 演出为期一个月。→演出从2月7日开始，到4月3日结束，为期大约两个月。

41
② 饭是妈妈做的。→这种饭像家常饭一样热乎乎的，能让人感受到妈妈的爱。

42
③ 娜英今天不吃午饭。→娜英今天中午约了别人吃饭。

※ [43～45] 选择与给出的内容一致的选项。

43 （3分）
① 我昨天去了朋友家。
② 我给朋友介绍了新房子。→文中没有提到这一内容，只是说朋友昨天搬家了。
③ 我给朋友送了乔迁礼物。→文中没有提到这一内容，只是说我帮朋友搬家了。
④ 我和朋友一起做了韩餐。→我和朋友一起吃了韩餐。

44 （2分）
① 在百货商场买了卡。→在百货商场办了卡。
② 使用百货商场的卡购物可以享受折扣优惠。
③ 在百货商场一定要使用卡。→文中没有提到这一内容。
④ 如果想在百货商场办卡，需要交10万韩元。→文中没有提到这一内容，只是说使用百货商场的卡消费满10万韩元可以获得礼品。

45 （3分）
① 我不喜欢步行。→我步行去公司上班，并且到达公司后心情会很好。
② 我步行之前心情很好。→我步行到公司后心情很好。
③ 我坐公交车到公司大约需要1个小时。→我步行到公司大约需要1个小时。
④ 步行途中可以观赏许多建筑。

※ [46~48] 阅读给出的内容，选择中心思想。

46 （3分）

② 我喜欢去市场。→在市场，可以跟阿姨们聊天，也可以享用美食，所以我喜欢去市场。

47 （3分）

③ 我希望能在这家公司一直工作下去。→工作很有意思，同事们也很亲切，所以我想长期在这家公司工作。

48 （2分）

④ 运动对各方面都有帮助。→运动能使人变得健康、无忧无虑。

※ [49~50] 阅读给出的内容，回答问题。（各2分）

49 选择适合填入㉠处的选项。

在火车上读书会使人旅途更愉快。"기차 여행을 할 때에는 기차 안에서 읽을 수 있는 책을 준비하는 것도 좋습니다（坐火车旅行时，准备好可以在火车上读的书比较好）"是最恰当的。

50 选择与给出的内容一致的选项。

① 可以在火车站吃东西。
② 旅行时必须坐火车。→文中没有提到这一内容，只是说坐火车旅行非常有意思。
③ 如果没有书，坐火车旅行时也会不愉快。→如果有书，旅行时会更愉快。
④ 在火车站也可以见到名人。→文中没有提到这一内容。

※ [51~52] 阅读给出的内容，回答问题。

51 选择适合填入㉠处的选项。（3分）

括号前面说"在冷面里加入醋更美味"，而括号后面说"餐厅会给点冷面的客人同时提供醋"，前后内容是因果关系，所以括号中应该使用"그래서（因此，所以）"。"그러나"表示"可是，但是"，"그러면"表示"那么"，"그렇지만"表示"但是"。

52 选择短文的主要内容。（2分）

④ 醋的用途→醋不仅可以加入冷面等食物中使其更美味，而且可以用于洗衣服，有多种用途。

※ [53~54] 阅读给出的内容，回答问题。

53　选择适合填入㉠处的选项。（2分）
独自生活的人买多了食材的话，就经常会扔掉剩下的，所以希望可以卖小包装的食材。由此可知，括号中应该填入"적은（少的）"。

54　选择与给出的内容一致的选项。（3分）
① 如果不会做饭，就无法独自生活。→文中没有提到这一内容，只是说独自生活的人买食材不方便。
② 不可以买包装好的食材。→包装好的食材量太多了，独自生活的人买了后，经常会扔掉剩下的食材。
③ 独自生活的人没有时间去超市。→文中没有提到这一内容。
④ 超市里没有只含一两个水果的小包装商品。

※ [55~56] 阅读给出的内容，回答问题。

55　选择适合填入㉠处的选项。（2分）
我之所以"고양이를 계속 키우고 싶습니다（想一直养猫）"，是"고양이 때문에 힘들 때보다 기쁠 때가 많아서（因为与劳累相比，养猫带给我的快乐更多）"。

56　选择与给出的内容一致的选项。（3分）
① 我干很多家务。→文中没有提到这一内容，只是说因为养了猫，家务增多了。
② 养猫后要干的活儿更多了。
③ 猫很难养很长时间。→我想一直养猫。
④ 妈妈想养猫。→因为养了猫，家务增多了，所以妈妈不想养猫。

※ [57~58] 选择正确的排列顺序。

57　（3分）
(나) 早上觉得会下雨，就带着雨伞出来了。
(다) 随身带着雨伞有诸多不便之处。
(라) 但是到了晚上也没下雨，就没用上雨伞。
(가) 因此我只能一直用手拿着雨伞。

58　（2分）
(다) 在公司上班时，一般会长时间坐着。
(가) 可是坐一个小时以上并不好。
(나) 因为会影响腰部和腿部的健康。
(라) 要想保持健康，应该每隔一个小时起来活动一下。

※ [59～60] 阅读给出的内容，回答问题。

59 选择给出的句子适合插入的位置。（2分）
因为"작년에도 한 달 동안 계속 눈이 왔습니다（去年连续下了一个月雪）"，所以我一周左右没能去学校上课，而在家里上网课。

60 选择与给出的内容一致的选项。（3分）
① 我喜欢雪景。
② 如果下雪了，我就不出去了。→有时候雪下得非常大，人都无法出去了。
③ 如果雪下得非常大，网络就无法使用了。→去年雪下得非常大的时候，我在家里上网课了。
④ 雪下得非常大也不会影响生活。→雪下得非常大的时候，我无法去学校，生活也不方便。

※ [61～62] 阅读给出的内容，回答问题。（各2分）

61 选择适合填入㉠处的选项。
㉠前面出现的"그런 일（那样的事情）"指的是"在大家面前说话时紧张"这件事情。多亏朋友教的方法，那样的事情，即在大家面前说话时紧张这种情况"적어지고 있다（越来越少了）"。

62 选择与给出的内容一致的选项。
① 我练习口语时会紧张。→我在大家面前说话时会紧张。
② 我在大家面前练习口语。→文中没有提到这一内容。
③ 我在大家面前说话时注重穿着。→文中没有提到这一内容，只是说我在大家面前说话时，曾因太紧张、流汗过多而衣服湿透过。
④ 最近我能更轻松地在大家面前说话了。

※ [63～64] 阅读给出的内容，回答问题。

63 选择写这篇文章的原因。（2分）
④ 因为想告诉妈妈自己的假期计划→托马写这封邮件是想告诉妈妈自己这个假期要打工，无法回家乡了。

64 选择与给出的内容一致的选项。（3分）
① 哥哥和托马一起生活。→托马独自在韩国生活。
② 托马半年前来了韩国。
③ 托马最近在打工。→托马假期要打工。
④ 妈妈假期要来看托马。→文中没有提到这一内容。

※ [65~66] 阅读给出的内容，回答问题。

65　选择适合填入㉠处的选项。（2分）
"-고 나다"表示动作结束。括号后面出现了"얼굴에 남아 있는 물（脸上残留的水）"这一内容，所以㉠处应该填入"세수를 하고 나서（洗完脸后）"。"-(으)려고"表示打算做某事，"-거나"表示选择，"-는 동안에"表示"……期间"。

66　选择与给出的内容一致的选项。（3分）
① 早上不洗脸比较好。→早上只用清水洗脸比较好。
② 皮肤干燥的人不可以用毛巾。→用毛巾轻轻擦掉脸上残留的水比较好。
③ 应该挑选对皮肤好的肥皂使用。→文中没有提到这一内容。
④ 如果皮肤干燥，最好就只在晚上使用肥皂。

※ [67~68] 阅读给出的内容，回答问题。（各3分）

67　选择适合填入㉠处的选项。
括号后面说"自己不需要打扫学校或公司的卫生间，并且这个卫生间脏了的话，可以使用其他卫生间，因此'깨끗하게 사용하지 않는다（在使用时不会保持卫生间干净卫生）'"。由此可知，"자기 책상이나 방은 깨끗하게 사용하는（保持自己的书桌或房间干净的）"人去了卫生间"달라지기 쉽습니다（容易改变）"，即会变得"不保持卫生间干净卫生"。

68　选择与给出的内容一致的选项。
① 一般自己打扫学校或公司的卫生间。→自己不需要打扫学校或公司的卫生间。
② 在学校或公司不可以使用多处卫生间。→这个卫生间脏了的话，可以使用其他卫生间。
③ 卫生间的门上或墙上有图画会显得卫生间更干净。→因为有人在卫生间的门上或墙上画画儿，所以卫生间变得更脏了。
④ 在每天都使用的场所中，卫生间是最脏的。

※ [69~70] 阅读给出的内容，回答问题。（各3分）

69　选择适合填入㉠处的选项。
我和妻子之所以"회사를 그만둘 때에는 아쉬운 마음도 많았습니다（从公司辞职的时候万分不舍）"，是"오랫동안 다녀서（因为我们俩都在公司工作了很久）"。

70　选择与给出的内容一致的选项。
① 我和妻子读很多书。→文中没有提到这一内容。
② 我们家的人喜欢旅行。→文中没有提到这一内容。
③ 我和家人在济州岛生活。
④ 我来济州岛之前在书店工作。→我来济州岛之前（在首尔时）在公司上班，来了济州岛之后和妻子开了一家书店。

第3回 全真模拟题

答案与解析

听力 (01~30)

答案

01	02	03	04	05	06	07	08	09	10
②	④	④	②	①	②	④	③	③	②
11	12	13	14	15	16	17	18	19	20
①	④	②	③	③	③	③	④	②	④
21	22	23	24	25	26	27	28	29	30
①	②	③	④	②	③	④	②	③	①

解析

※ [01~04] 听录音，仿照示例选择正确答案。

01 （4分）

여자: 불고기를 먹어요?
남자: _____

女子问男子吃不吃烤肉。男子需要使用"네（是）"或"아니요（不）"回答，应该回答"네, (불고기를) 먹어요（是，吃烤肉）"或"아니요, (불고기를) 안 먹어요（不，不吃烤肉）"。

02 （4分）

남자: 친구를 만나요?
여자: _____

男子问女子是不是要见朋友。如果见朋友，女子应该回答"네, (친구를) 만나요（是，见朋友）"；如果不见朋友，女子应该回答"아니요, (친구를) 안 만나요/아니요, (친구를) 만나지 않아요（不，不见朋友）"。

03 （3分）

여자: 점심을 어디에서 먹어요?
남자: _____

"어디（哪里）"用来询问行为进行的地点。女子问男子要在哪里吃午饭。男子应该回答"식당에서 먹어요（在餐厅吃）"。

04 （3分）

남자: 부산까지 어떻게 갔어요?
여자: _____

"어떻게（怎么样）"用来询问方法、手段等。男子问女子是怎么去的釜山，即乘坐什么交通工具去的釜山。男子应该回答"기차로 갔어요（是坐火车去的）"。

※ [05～06] 听录音，仿照示例选择男子或女子接下来可能会说的话。

05 （4分）

여자: 안녕히 주무세요.
남자: _____

一方晚上打招呼说"안녕히 주무세요/잘 자요（晚安）"，另一方接下来应该说"네, 안녕히 주무세요/네, 잘 자요（晚安）"。

06 （3分）

남자: 다음 달에 결혼을 할 거예요.
여자: _____

男子告诉女子他下个月要结婚，女子接下来应该说"축하합니다（祝贺）"。

※ [07～10] 这是哪里? 仿照示例选择正确答案。

07 （3分）

여자: 뭘 보고 싶어요?
남자: 지금 바로 시작하는 게 있을까요?

女子问男子想看什么，而男子问女子有没有马上就开始的，所以他们应该在"영화관（电影院）"里。

08 （3分）

> 남자: 일본으로 소포를 보내려고 하는데요.
> 여자: 네, 보내실 물건이 뭐예요?

男子说想往日本寄包裹，而可以寄包裹的地方是"우체국（邮局）"。

09 （3分）

> 남자: 저 그릇은 만든 지 500년이 지났네요.
> 여자: 그런데 지금 봐도 아주 예쁜데요.

男子和女子正在看着500年前制成的器皿说话，所以他们应该在"박물관（博物馆）"里。

10 （4分）

> 여자: 어떻게 오셨어요?
> 남자: 어젯밤부터 계속 배가 아파서요.

男子说自己从昨天晚上开始一直肚子痛，而肚子痛时应该去的地方是"병원（医院）"。

※ [11~14] 他们在谈论什么？仿照示例选择正确答案。

11 （3分）

> 남자: 이 건물에 살아요?
> 여자: 네, 7층에 살고 있어요.

男子问女子是否住在这栋建筑里，女子说自己住在这栋建筑的7楼，所以他们在谈论"집（家）"。

12 （3分）

> 여자: 요즘 비가 자주 오네요.
> 남자: 네, 그래서 저는 항상 우산을 가지고 다녀요.

女子说最近经常下雨，而男子说他因此总是带着雨伞，所以他们在谈论"날씨（天气）"。

13 （4分）

> 남자: 시유 씨는 어디에서 왔어요?
> 여자: 저는 중국에서 왔어요.

男子问女子来自哪里，女子说自己来自中国，所以他们在谈论"나라（国家）"。

14 （3分）

> 여자: 회사까지 어떻게 가요?
> 남자: 저는 보통 지하철로 출근해요.

女子问男子乘坐什么交通工具去公司，女子说一般坐地铁上班，所以他们在谈论"교통（交通）"。

※ [15~16] 听对话，选择合适的图片。（各4分）

15

> 여자: 잠깐만요. 여기 지갑이 떨어졌는데요.
> 남자: 아, 네. 감사합니다.

女子告诉男子他的钱包掉了，男子向女子表示感谢。

16

> 남자: 그럼 찍습니다. 하나, 둘, 셋!
> 여자: 잠깐만요. 꽃이 많이 나오게 찍어 주세요.

男子说"찍습니다（要拍了）"，而女子让男子多拍点儿花进去，所以男子正在以花为背景给女子拍照。

※ [17~21] 听录音，仿照示例选择与对话内容一致的选项。（各3分）

17

> 남자: 한국에 와서 결혼식에 가 봤어요?
> 여자: 아니요. 아직 안 가 봤어요. 한번 가 보고 싶어요.
> 남자: 그럼 이번 주말에 친구 결혼식에 가는데 같이 가요.

男子和女子在谈论有关参加婚礼的事情。
① 男子马上要结婚了。→男子的朋友这周末要结婚。
② 女子要在韩国结婚。→对话中没有提到这一内容,只是说女子想在韩国参加一次婚礼。
③ 男子要去参加朋友的婚礼。
④ 女子在韩国参加过婚礼。→女子在韩国还没有参加过婚礼。

18

> 여자: 뭘 만들고 있어요?
> 남자: 라면을 끓이고 있어요.
> 여자: 와, 라면에도 여러 가지 재료가 들어가네요.
> 남자: 네, 이렇게 채소와 두부를 같이 넣으면 맛있는 것 같아요.

男子和女子在谈论有关煮方便面的事情。
① 男子是厨师。→对话中没有提到这一内容,只是说男子在煮方便面。
② 女子要吃方便面。→对话中没有提到这一内容。
③ 女子喜欢蔬菜和豆腐。→男子在煮方便面时放了蔬菜和豆腐。
④ 男子在煮方便面时放了许多东西。

19

> 여자: 세탁기를 사려고 하는데요. 좀 큰 걸로요.
> 남자: 세탁기는 이쪽에 있습니다. 지금 할인 행사도 하고 있으니까 천천히 보세요.
> 여자: 이게 제일 큰 거죠? 이것도 할인이 되나요?
> 남자: 죄송하지만 그건 할인이 안 됩니다.

女子来买洗衣机,正在询问作为工作人员的男子相关信息。
① 女子可以享受折扣优惠。→女子在看的那款商品不打折扣。
② 女子想买一个大的洗衣机。
③ 男子要送女子洗衣机做礼物。→男子要卖给女子洗衣机。
④ 男子在和女子一起购物。→男子是这家商场的工作人员。

20

> 남자: 죄송하지만 근처에 편의점이 있나요?
> 여자: 아니요. 이 근처에는 편의점이 없어요. 지하철역까지 가야 돼요.
> 남자: 지하철역은 어느 쪽으로 가야 돼요?
> 여자: 똑바로 10분쯤 가면 사거리가 나올 거예요. 거기에서 오른쪽으로 가면 돼요.

男子在问女子附近便利店的位置。

① 男子在便利店工作。→男子在寻找便利店。
② 女子站在十字路口处。→女子让男子往十字路口那边走。
③ 女子正在寻找便利店。→女子正在告诉男子怎么去便利店。
④ 男子要往地铁站的方向走。

21

여자: 제임스 씨, 거기엔 앉으면 안 돼요.
남자: 여기는 비어 있는 자리인데 왜 안 돼요?
여자: 버스에서 그런 자리는 아이들이나 노인들이 앉는 자리예요.
남자: 그렇군요. 그럼 다리가 좀 아프지만 참아야겠네요.

男子和女子在谈论有关公交车上老幼病残孕专座的事情。
① 男子腿痛。
② 男子来了医院。→对话中没有提到这一内容。
③ 女子和孩子在一起。→对话中没有提到这一内容。
④ 女子想坐下。→男子想坐在空座位上。

※ [22~24] 听录音,选择女子想表达的中心思想。（各3分）

22

남자: 이 길은 안 막히네요. 좀 빨리 가도 되겠어요.
여자: 그래도 처음 가는 길이니까 천천히 가요.
남자: 걱정하지 마세요. 저는 운전을 한 지 10년이나 됐으니까요.
여자: 아니에요. 운전을 오래 한 사람한테도 사고는 생길 수 있어요.

男子说路上不堵车,可以开快一点儿,并且说自己已经有10年驾龄了。女子说老司机也会出事故。女子在让男子注意安全驾驶。
① 路上堵车时不好开车。→对话中没有提到这一内容。
② 任何人开车时都要小心。
③ 要想找对路,最好慢点儿开车。→男子和女子第一次开车走这条路,所以女子让男子慢点儿开车。
④ 多练习开车能防止事故发生。→女子说老司机也会出事故。

23

남자: 무엇을 도와 드릴까요?
여자: 제가 목요일 저녁 공연을 예매했는데요. 오후 걸로 바꾸고 싶어서요.

> 남자: 오후 공연은 주말에만 있습니다. 그럼 주말로 바꿔 드릴까요?
> 여자: 그래요? 주말은 안 돼요. 이 공연장은 항상 평일 공연이 너무 부족하네요.

女子预订了周四晚上演出的票，想将其换成当天下午的。男子说只有周末下午有演出。
① 想经常看演出。→对话中没有提到这一内容。
② 平日的演出没意思。→女子想看平日的演出。
③ 希望平日演出更多一些。
④ 如果周末想看演出，就必须提前预订。→女子想平日看演出，就预订了票。

24

> 여자: 우리 가게에서 아르바이트 한번 해 볼래요?
> 남자: 글쎄요. 해 보고 싶지만 아직 한국어를 잘 못해서요.
> 여자: 일을 하면서 한국어도 더 배울 수 있지 않을까요?
> 남자: 네, 그러면 해 볼게요.

女子建议男子在店里打工。
① 因为工作，学习时间不够。→对话中没有提到这一内容。
② 做自己想做的事情很重要。→对话中没有提到这一内容。
③ 如果不会韩国语，就无法打工。→女子对男子说即使韩国语不好，也可以边工作边学习。
④ 打工也能提高韩国语水平。

※ [25～26] 听录音，回答问题。

25～26

> (딩동댕)
> 여자: 마트를 찾아 주신 손님 여러분께 안내 말씀드립니다. 잠시 후 일곱 시부터 수박과 참외를 50% 할인된 가격에 판매할 예정입니다. 좋은 가격으로 시원한 여름 과일의 맛을 느껴 보시기 바랍니다. 다른 과일들도 20% 할인된 가격으로 준비되어 있으니까 많은 관심 부탁드립니다. 감사합니다.

25 选择女子说这段话的原因。（3分）
② 为了介绍促销商品→女子告知来超市的客人们一会儿有夏日水果促销活动。

26 选择与录音一致的选项。（4分）
① 超市晚上7点关门。→文中没有提到这一内容，只是说超市晚上7点开始夏日水果促销活动。
② 所有水果以同样的价格销售。→西瓜和香瓜打5折，其他水果打8折。

③ 从晚上7点开始可以以便宜的价格购买水果。
④ 超市夏天经常有打折促销活动。→文中没有提到这一内容。

※ [27～28] 听录音，回答问题。

27～28

> 남자: 죄송하지만 먼저 퇴근할게요. 좋아하는 축구팀의 경기가 있어서요.
> 여자: 네, 경기장이 멀어서 빨리 가야겠네요.
> 남자: 오늘은 친구 집에서 보기로 했어요. 회사 근처라서 지금 가면 돼요.
> 여자: 축구 경기는 직접 경기장에 가서 보는 게 좋지 않아요? 텔레비전으로 보면 별로 재미가 없을 것 같은데요.
> 남자: 물론 경기장에 가서 보는 게 더 재미있지만, 텔레비전으로 볼 때 좋은 점도 있어요.
> 여자: 그렇군요. 남은 일은 제가 정리할게요. 어서 가 보세요.

27 选择男子和女子正在谈论的内容。（3分）
④ 看足球比赛的场所→男子要去朋友家在电视上看足球比赛，而女子说足球比赛要到比赛现场看才有意思。

28 选择与录音一致的选项。（4分）
① 女子想和男子一起下班。→女子负责整理剩下的工作，而男子要先下班。
② 男子今天要去朋友家。
③ 女子要回家继续工作。→女子要在公司整理剩下的工作。
④ 男子不喜欢看电视。→男子说在电视上看足球比赛也有优点。

※ [29～30] 听录音，回答问题。

29～30

> 남자: 냉장고하고 세탁기는 여기에서 사면 될 것 같은데요.
> 여자: 한번 볼까요? 이 냉장고는 가격도 괜찮고 색깔도 하얀색이라서 마음에 드네요.
> 남자: 네, 저도 좋아하는 색깔이에요. 세탁기는 어떤 게 좋아요?
> 여자: 글쎄요. 세탁기는 내가 찾는 디자인이 없어서요. 냉장고만 사야겠어요.
> 남자: 그런데 둘 다 여기서 사면 할인도 되니까 세탁기도 그냥 같이 사는 게 어때요?
> 여자: 하지만 마음에 안 드는 걸 살 수는 없으니 냉장고 먼저 사요.

29 选择男子想在这里购买冰箱和洗衣机的理由。（3分）
③ 因为冰箱和洗衣机都在这里买的话，价格会更便宜→女子打算只买冰箱，男子就说冰箱和洗衣机都在这里买的话，可以享受折扣优惠。

30 选择与录音一致的选项。（4分）

① 男子喜欢白色。
② 男子现在在洗衣服。→男子现在在和女子一起挑选冰箱和洗衣机。
③ 男子想买大冰箱。→对话中没有提到这一内容。
④ 男子没有看到自己想要的洗衣机。→女子没有看到自己想要的那种款式的洗衣机。

阅读 (31~70)

答案

31	32	33	34	35	36	37	38	39	40
③	④	①	②	①	③	④	④	①	③
41	42	43	44	45	46	47	48	49	50
①	②	④	②	②	①	③	④	②	③
51	52	53	54	55	56	57	58	59	60
①	④	②	③	②	③	④	①	②	④
61	62	63	64	65	66	67	68	69	70
③	④	①	③	④	②	③	②	③	①

解析

※ [31~33] 这是关于什么的内容？仿照示例选择正确答案。（各2分）

31
"축구를 합니다（踢足球），수영（游泳）"都属于"운동（运动）"。

32
去百货商场买衣服也就是去百货商场"쇼핑（购物）"。

33
能在家休息的日子就是"휴일（休息日）"。

※ [34~39] 仿照示例选择适合填入（　）中的选项。

34 （2分）
朋友生日时要给朋友"선물을 줍니다（送礼物）"。

35 （2分）
吃饭之前要"손을 씻습니다（洗手）"。

36 （2分）
去旅行时要"기차를 탑니다（乘坐火车）"

37 （3分）
因为"방이 더럽습니다（房间很脏）"，所以要打扫卫生。

38 （3分）
因为喜欢听音乐，所以"자주 듣습니다/많이 듣습니다（经常听）"。

39 （2分）
"만"表示"仅，只"。前面说房间里"침대가 없습니다（没有床）"，后面应该说"옷장만 있습니다（只有衣柜）"。

※ [40～42] 阅读给出的内容，选择<u>错误</u>的选项。（各3分）

40
③ 在火车站里面集合。→在首尔站（火车站）前面集合。

41
① 优惠券一个月内有效。→优惠券的使用时间为12月1日到1月30日，有效期为两个月。

42
② 智秀独自去旅行了。→沙拉说："남편하고 좋은 시간 보내세요.（祝你和丈夫玩得开心。）"由此可知，智秀是和丈夫一起去旅行的。

※ [43～45] 选择与给出的内容一致的选项。

43 （3分）
① 我在公园里吃午饭。→我吃完午饭后去公园散步。
② 我吃午饭需要30分钟的时间。→我在公园里步行30分钟左右。
③ 我心情好的话，就会去公园。→我在公园里慢悠悠地走走，心情会变好。
④ 我每天都在公司附近散步。

44 （2分）
① 朋友买了帽子。→朋友买了裤子。
② 我明天要去百货商场。
③ 我送朋友礼物了。→文中没有提到这一内容，只是说我和朋友一起购物了。
④ 朋友明天想去购物。→我明天要和朋友一起去换裤子。

45 （3分）
① 所有人都8月休假。→8月休假的人很多。
② 海边也有很多活动。
③ 天气很热的时候，去游泳很困难。→因为天气很热，所以人们一般会去有海的地方休假，也会在海里游泳。
④ 应该去有游泳池的地方休假。→一般去海边休假，在海里游泳。

※ [46～48] 阅读给出的内容，选择中心思想。

46 （3分）
① 我想做出美味的食物。→姐姐厨艺很好，做的食物很美味，我也想像姐姐那样做出美味的食物。

47 （3分）
③ 我喜欢看电影。→看电影能学到很多东西，并且能欣赏到很多好听的电影插曲，所以我喜欢看电影。

48 （2分）
④ 我对新开的咖啡馆很满意。→家附近新开了家咖啡馆。那家咖啡馆允许客人带着小狗进入，我对此很满意。

※ [49～50] 阅读给出的内容，回答问题。（各2分）

49 选择适合填入㉠处的选项。
括号前面的"사람을 만나는 것을 좋아하다（喜欢接触人）"和括号后面的"외국어를 사용할 수 있는 기회가 많다（有很多机会使用外语）"都是在酒店工作的原因，所以㉠处应该填写表示并列的"그리고（和，跟，并且）"。"그러나"表示"可是，但是"，"그래서"表示"因此"，"그러면"表示"那么"。

50 选择与给出的内容一致的选项。
① 我一般在酒店见朋友。→我在酒店工作。
② 我在酒店工作很长时间了。→文中没有提到这一内容。

③ 我现在经常使用外语。
④ 我以后想学习外语。→我学了很长时间的外语。

※ [51~52] 阅读给出的内容，回答问题。

51　选择适合填入㉠处的选项。（3分）

"–거나"表示从前后中选择一个。看电视购物节目买了东西后，有时会因为买了不需要的东西而后悔，有时会因为买了需要但量太多的东西而后悔。"–(으)니까"表示原因、理由，"–는데"表示提示或转折，"–(으)려고"表示打算做某事。

52　选择短文的主要内容。（2分）

④ 看电视购物节目购买东西时的注意事项→看电视购物节目购买东西时应该深思熟虑后再下单。

※ [53~54] 阅读给出的内容，回答问题。

53　选择适合填入㉠处的选项。（2分）

有瑕疵的水果很难以高价卖出，但是最近水果价格大幅度"올라서（上涨）"，所以那样的水果越来越受人们欢迎了，我一般就买那样的苹果吃。

54　选择与给出的内容一致的选项。（3分）

① 我在种植水果。→我买水果吃。
② 我不喜欢水果。→我买有瑕疵的便宜苹果吃。
③ 我买有瑕疵的水果。
④ 我经常喝果汁。→文中没有提到这一内容。

※ [55~56] 阅读给出的内容，回答问题。

55　选择适合填入㉠处的选项。（2分）

"자전거를 무료로 빌려주기 때문에（因为可以免费租借自行车）"，所以能沿着博物馆附近的江边骑自行车。

56　选择与给出的内容一致的选项。（3分）

① 这家博物馆只在周末营业。→文中没有提到这一内容。
② 这家博物馆建于200年前。→这家博物馆不久之前才开门营业。
③ 在这家博物馆附近能看到江。
④ 在这家博物馆，有人教骑自行车。→特别是在周末，很多父母会带孩子过来，教他们骑自行车。

※ [57~58] 选择正确的排列顺序。

57 （3分）
(라) 如果搬家时想自己打包行李，就应该先计划好打包行李的顺序和方式。
(가) 之后准备好放行李的箱子和用来打包的工具。
(다) 打包行李时，最好在每个箱子上写上所装物品的名称。
(나) 然后离开之前清理干净打包行李产生的垃圾。

58 （2分）
(가) 西瓜是夏天吃得最多的水果。
(다) 但是有时也会因为买西瓜时没挑到好的而后悔。
(나) 有一种方法可以挑到既新鲜又好吃的西瓜。
(라) 用手敲打西瓜时，如果发出清脆的声音，那么这个就是好吃的西瓜。

※ [59~60] 阅读给出的内容，回答问题。

59 选择给出的句子适合插入的位置。（2分）
我夏天喜欢去海里游泳，"하지만 최근에는 바빠서 가지 못했습니다（但是最近很忙，没能去）"。

60 选择与给出的内容一致的选项。（3分）
① 我每次休假的时候都去海边。→文中没有提到这一内容，只是说我夏天喜欢去海边，并且这次休假去了那里。
② 我有阳光的时候游泳。→文中没有提到这一内容，只是说沐浴在阳光中的大海很美，我因此心情变得更好了。
③ 我喜欢慢悠悠地游泳。→在下海之前，我慢悠悠地做了准备运动 。
④ 我游泳后心情变好了。

※ [61~62] 阅读给出的内容，回答问题。（各2分）

61 选择适合填入㉠处的选项。
前面出现了"一般不去公司，而在家工作"这一内容，也就是说我一般一个人居家办公，"자유롭게 일하다（工作很自由）"。

62 选择与给出的内容一致的选项。
① 我每天都在家工作。→我一周去一天公司。
② 我没有机会见公司的员工。→我每周三在公司开重要的会议等。
③ 我比其他人工作速度快。→文中没有提到这一内容。
④ 我按时工作。

※ [63～64] 阅读给出的内容，回答问题。

63 选择写这篇文章的原因。（2分）

① 为了介绍新菜单→学校食堂发通知的目的是介绍为留学生准备的各种菜肴，也就是介绍新菜单。

64 选择与给出的内容一致的选项。（3分）

① 留学生们不喜欢韩餐。→有的留学生对韩餐还不习惯。
② 晚上只能吃韩餐。→周一、周三、周五晚上可以吃西餐。
③ 周末也可以去食堂用餐。
④ 周六和周日的菜单一样。→周六中午提供中餐或日料，晚上提供韩餐，而周日只提供韩餐。

※ [65～66] 阅读给出的内容，回答问题。

65 选择适合填入㉠处的选项。（2分）

"–거나"表示从前后中选择一个。很多韩国人"스트레스를 받거나 기분이 안 좋으면（有压力或者心情不好的话）"，就会吃辣的食物。"–는데"表示提示或转折，"–지만"表示转折，"–(으)면"表示假设。

66 选择与给出的内容一致的选项。（3分）

① 韩国人压力非常大。→文中没有提到这一内容，只是说很多韩国人有压力的话，就会吃辣的食物。
② 吃了辣的食物后心情会变好。
③ 运动后应该吃辣的食物。→如果吃了辣的食物，就会像运动了一样流汗。
④ 辣味能让我们的身体更强壮。→每次有压力的时候都吃辣的食物并不好。

※ [67～68] 阅读给出的内容，回答问题。（各3分）

67 选择适合填入㉠处的选项。

前面说"몸 안에 있는 열을 지키려면 반대로（要想保存住身体中的热量，反过来）"，而后面说"피부 온도를 올리는 활동을 하는 것이 좋습니다（做能提高皮肤温度的活动比较好）"。由此可知，㉠处应该填入"떨어지기도 합니다（皮肤温度也会降低）"。

68 选择与给出的内容一致的选项。

① 阳光不利于皮肤健康。→冬天有太阳的时候，到外面活动一下有助于提高皮肤温度。
② 与其他季节相比，冬天人们更经常感觉肚子饿。
③ 换季的时候，我们的体温会下降。→换季的时候，我们的体温会提高，也会下降。

④ 吃大量食物能保持体温。→文中没有提到这一内容，只是说天气变冷时，人们更经常感觉肚子饿。

※ [69～70] 阅读给出的内容，回答问题。（各3分）

69 选择适合填入㉠处的选项。

我们兄弟俩的"이름이 좀 특별합니다（名字有些特别）"，人们只听一遍，就"잘 잊어버리지 않습니다（不会轻易忘记）"。

70 选择与给出的内容一致的选项。

① 爷爷给我们起了名字。
② 我们小时候和爷爷一起生活。→文中没有提到这一内容。
③ 别人喊我们的名字时，我们会害羞。→每当别人喊我们的名字时，我们都会想起爷爷。
④ 爷爷家附近有海和树。→文中没有提到这一内容。

答案与解析

第4回 全真模拟题

听力 (01~30)

答案

01	02	03	04	05	06	07	08	09	10
②	③	①	④	④	③	②	①	③	④
11	12	13	14	15	16	17	18	19	20
④	②	①	③	②	③	③	③	①	②
21	22	23	24	25	26	27	28	29	30
②	③	②	④	③	④	①	②	④	③

解析

※ **[01~04]** 听录音，仿照示例选择正确答案。

01 （4分）

> 남자: 책을 읽어요?
> 여자: _____

男子问女子读不读书。女子需要使用"네（是）"或"아니요（不）"回答，应该回答"네, (책을) 읽어요（是，读书）"或"아니요, (책을) 안 읽어요（不，不读书）"。

02 （4分）

> 여자: 숙제가 많아요?
> 남자: _____

女子问男子作业多不多。如果作业多，女子应该回答"네, (숙제가) 많아요（是，作业多）"；如果作业不多，女子应该回答"아니요, (숙제가) 적어요（不，作业少）"。

03 （3分）

> 남자: 지금 뭐 봐요?
> 여자: _____

"뭐/무어/무엇（什么）"用来询问不知道的事实或事物。男子问女子现在在看什么。女子应该回答"영화를 봐요（在看电影）"。

04 （3分）

| 여자: 수업을 언제 시작해요? |
| 남자: _____ |

"언제（什么时候）"用来询问时间、日期等。女子问男子什么时候开始上课。男子应该回答"아홉 시에 시작해요（9点开始）"。

※ [05~06] 听录音，仿照示例选择男子或女子接下来可能会说的话。

05 （4分）

| 남자: 나영 씨, 그 책 좀 주세요. |
| 여자: _____ |

男子请求女子把那本书给自己，女子如果接受男子的请求，接下来应该说"여기 있어요（给你）"。

06 （3分）

| 여자: 와 주셔서 감사합니다. |
| 남자: _____ |

女子对男子的到来表示感谢，男子接下来应该说"아니에요（不客气）"。

※ [07~10] 这是哪里？仿照示例选择正确答案。

07 （3分）

| 여자: 뭘 드릴까요? |
| 남자: 아침부터 머리가 많이 아파서요. |

女子问男子需要什么，而男子说自己从早上开始就头痛得厉害。由此可知，男子来了"약국（药店）"买药。

08 （3分）

남자: 어서 오세요. 어디까지 가세요?
여자: 시청 앞으로 가 주세요.

男子问女子要去哪里，而女子请求男子载自己去市政府前面，所以他们应该在"택시（出租车）"上。

09 （3分）

여자: 방은 3층으로 해 드리겠습니다. 괜찮으십니까?
남자: 그래요? 더 높은 층이 좋은데요.

女子问男子住在三楼是否可以，而男子想住在更高的楼层，所以他们应该在"호텔（宾馆）"里。

10 （4分）

남자: 여기 자주 와요?
여자: 네, 보통 일주일에 두 번 정도 여기에서 책을 빌려요.

女子说自己一周大约来借两次书，而可以借书的地方应该是"도서관（图书馆）"。

※ [11～14] 他们在谈论什么？仿照示例选择正确答案。

11 （3分）

여자: 저는 등산을 좋아해요. 진성 씨는요?
남자: 저는 여행을 좋아해요.

女子喜欢爬山，而男子喜欢旅行，所以他们在谈论"취미（爱好）"。

12 （3分）

남자: 편의점이 어디에 있어요?
여자: 저기 은행 옆에 있어요.

男子问女子便利店在哪里，女子说便利店在那边银行旁边，所以他们在谈论"위치（位置）"。

13 (4分)

여자: 이 가게도 일요일에 쉬어요?
남자: 네, 매주 일요일에는 쉽니다.

女子问男子这家店是否也周日不营业，男子说这家店每周日都不营业，所以他们在谈论"휴일（休息日）"。

14 (3分)

남자: 나영 씨는 계속 서울에서 살았어요?
여자: 아니요. 저는 부산에서 태어났어요.

男子问女子是否一直在首尔生活，女子说自己生于釜山，所以他们在谈论"고향（家乡）"。

※ [15～16] 听对话，选择合适的图片。（各4分）

15

여자: 뭘 주문하시겠어요? 손님.
남자: 라면하고 김밥 하나 주세요.

女子问男子想点些什么，男子点了方便面和紫菜包饭。由此可知，女子是餐厅服务员，而男子正在餐厅点餐。

16

남자: 나영 씨, 많이 기다렸지요? 미안해요.
여자: 영화가 곧 시작돼요. 빨리 들어가요.

男子因为迟到向女子道歉，而女子说电影马上开始了，赶紧进去吧。由此可知，他们正急急忙忙地进电影院。

※ [17～21] 听录音，仿照示例选择与对话内容一致的选项。（各3分）

17

남자: 저, 여자 친구 선물을 좀 사려고 하는데요.
여자: 이 모자는 어떠세요? 요즘 이렇게 큰 모자가 인기가 많아요.

남자: 예쁘네요. 그걸로 주세요.

男子想给女朋友买礼物，女子建议他买帽子。
① 男子非常受欢迎。→最近大的帽子非常受欢迎。
② 女子戴过帽子。→对话中没有提到这一内容。
③ 男子将买大的帽子。
④ 女子要送给男子礼物。→男子要送给自己的女朋友礼物。

18

여자: 아직 집에 안 갔어요?
남자: 네, 비가 계속 오는데 우산을 안 가지고 와서요.
여자: 그럼 제가 우산을 빌려줄게요. 저는 우산이 두 개 있어요.
남자: 그래요? 고마워요. 내일 꼭 가져다줄게요.

外面在下雨，男子没有带雨伞，女子说自己有两把雨伞，可以借给他一把。
① 女子开了一家雨伞店。→女子要借给男子雨伞。
② 男子只有一把雨伞。→男子没有带雨伞。
③ 女子打算借给男子雨伞。
④ 下雨了，男子在等朋友。→男子因为下雨了，没带雨伞，所以无法回家。

19

남자: 나영 씨, 내가 내일 공항까지 같이 갈게요.
여자: 아마 회사에 늦을 거예요. 그냥 저 혼자 갈게요.
남자: 괜찮아요. 내일은 좀 늦게 출근해도 돼요.
여자: 알겠어요. 그럼 내일 일곱 시까지 집 앞으로 오세요.

男子和女子在谈论有关明天去机场的事情。
① 男子明天要去机场。
② 女子明天会晚点去上班。→男子明天可以晚点上班。
③ 女子明天要独自去公司。→对话中没有提到这一内容，只是说女子明天要和男子一起去机场。
④ 男子要在机场见女子。→男子和女子要在家前面见面。

20

여자: 어, 손우민 선수가 와서 축구를 가르쳐 주는 행사가 있네요.
남자: 그래요? 와, 제가 제일 좋아하는 선수인데…….

> 여자: 그럼 같이 신청할래요? 손우민 선수의 사진이 있는 티셔츠도 주는 것 같아요.
> 남자: 네, 좋아요.

男子和女子在谈论他们喜欢的足球运动员要参加的活动。
① 女子对活动不感兴趣。→女子也对活动感兴趣，建议男子和她一起报名。
② 男子喜欢那位足球运动员。
③ 男子想教足球。→男子想参加活动，跟足球运动员学习足球。
④ 女子要穿着T恤去参加活动。→活动现场赠送有足球运动员照片的T恤。

21

> 여자: 진성 씨, 새로 시작한 아르바이트는 어때요?
> 남자: 생각보다 일도 많고 힘들어요.
> 여자: 그럼 제가 일하는 편의점에서 아르바이트할 사람을 찾고 있는데, 생각 있으면 알아봐 줄게요.
> 남자: 아니에요. 지금 일도 시간이 지나면 점점 나아질 것 같으니까 좀 더 해 보려고요.

男子和女子在谈论男子的新工作。
① 男子和女子一起工作。→男子和女子在不同的地方打工。
② 女子在便利店工作。
③ 男子在便利店工作过。→对话中没有提到这一内容。
④ 女子不想打工。→女子在便利店打工。

※ [22~24] 听录音，选择<u>女子</u>想表达的中心思想。（各3分）

22

> 남자: 나영 씨, 이 영화 봤어요? 정말 재미있어요.
> 여자: 아, 그 영화요? 저도 이번 주말에 보려고 해요.
> 남자: 네, 꼭 보세요. 특히 마지막에 주인공이 가족들하고…….
> 여자: 이야기하지 마세요. 영화는 마지막 내용을 알고 보면 재미없어요.

男子和女子在谈论有关看电影的事情。
① 电影应该和家人一起看。→对话中没有提到这一内容。
② 有意思的电影可以看很多遍。→对话中没有提到这一内容，只是说男子觉得这部电影很有意思。
③ 电影提前知道了结局再看的话，就没意思了。
④ 看电影时不能吵闹。→对话中没有提到这一内容。

23

> 남자: 요즘 계속 물병을 들고 다니네요.
> 여자: 네. 물병을 들고 다니니까 물을 자주 마시게 돼서 좋은 것 같아요.
> 남자: 그렇게 물을 많이 마셔야 돼요? 목이 마를 때에만 마셔도 될 것 같은데요.
> 여자: 아니에요. 건강을 지키려면 하루에 이런 물병으로 네 개는 마셔야 돼요.

男子和女子在谈论有关喝水的事情。女子认为为了保持健康，应该每天都喝足量的水。
① 不可以边走边喝水。→对话中没有提到这一内容，只是说女子最近一直随身带着水壶。
② 多喝水有益健康。
③ 口渴的时候，应该喝大量的水。→男子认为只在口渴的时候喝水就可以了。
④ 健康的人不需要经常喝水。→女子认为为了保持健康，应该每天都喝这样的四壶水。

24

> 남자: 무슨 책을 읽고 있어요?
> 여자: 한국의 어떤 주부가 일 년 동안 유럽을 여행하고 나서 쓴 책이에요.
> 남자: 그래요? 그 책 어때요?
> 여자: 여러 가지로 도움이 되는 책인 것 같아요. 유럽의 역사 이야기도 있고 유명한 음식도 같이 소개하고 있어서 좋아요.

男子和女子在谈论女子正在读的书。
① 最近很多主妇去欧洲旅行。→对话中没有提到这一内容，只是说有位主妇去欧洲旅行了一年，回来后写了一本书。
② 读这本书的话，就可以了解韩国的历史。→这本书介绍的是欧洲许多国家的历史。
③ 去旅行之前应该先看一下与旅行相关的书。→对话中没有提到这一内容。
④ 这本书包含有关欧洲的各种信息，非常不错。

※ [25～26] 听录音，回答问题。

25～26

> 여자: 지금 들으신 노래는 서울에 사는 이나영 씨가 신청해 주신 '바람의 이야기'입니다. 이나영 씨는 이 노래를 들을 때마다 어머니가 생각난다고 하셨는데요. 여러분도 이렇게 들으면 그리운 사람이 생각나는 노래가 하나쯤은 있으실 겁니다. 그런 노래를 저희 라디오에 신청해 주시면 노래와 함께 좋은 선물도 보내 드리겠습니다. 노래 신청은 매일 오후 한 시부터 네 시까지 인터넷으로 하실 수 있습니다.

25 选择女子说这段话的原因。（3分）

③ 想告知听众在收音机上点歌的方法→女子告诉收音机前的听众每天下午1点到4点可以在网上点歌。

26 选择与录音一致的选项。（4分）

① 李娜英唱歌唱得很好。→文中没有提到这一内容，只是说现在大家听的歌是李娜英点的。
② 上午也可以点歌。→每天下午1点到4点可以点歌。
③ 听收音机的话，就会想起思念的人。→女子说听众可以点一首听了后会让自己想起思念的人的歌。
④ 点歌的话，就能收到礼物。

※ [27～28] 听录音，回答问题。

27～28

여자: 네, 한국 서비스 센터입니다. 무엇을 도와 드릴까요?
남자: 에어컨 바람이 시원하지 않아서요.
여자: 에어컨의 온도를 낮게 해 보셨나요? 다시 한번 확인해 주시겠어요?
남자: 그렇게 해 봤는데 안 돼요. 다른 문제가 있는 것 같아요.
여자: 그럼 고장 신고를 해 드리겠습니다. 내일 오전에 저희 직원이 연락을 드리고 고치러 갈 겁니다.
남자: 네, 알겠습니다.

27 选择男子和女子正在谈论的内容。（3分）

① 出故障的空调→男子给女子（售后服务中心工作人员）打电话说空调不制冷了，女子询问了相关情况后为他报修了，还说明天上午会有维修人员跟他联系并上门维修。

28 选择与录音一致的选项。（4分）

① 女子明天会去男子家。→明天上午售后服务中心的其他员工会去男子家。
② 男子想修一下空调。
③ 男子在售后服务中心工作。→女子在售后服务中心工作。
④ 女子会给男子配送新空调。→女子说会安排维修人员去男子家修一下空调。

※ [29~30] 听录音，回答问题。

29~30

여자: 김진성 씨는 10년 넘게 의사로 일하시다가 이제는 가수로 두 번째 인생을 살고 계신데요. 언제부터 노래를 좋아하셨어요?
남자: 어릴 때부터 노래 부르는 것을 좋아했어요. 또 취미로 기타와 피아노도 쳤는데, 병원에서 일하는 동안에도 그런 취미 활동은 계속했어요.
여자: 그렇군요. 그래도 의사라는 직업을 포기하는 게 쉽지 않으셨을 것 같은데요.
남자: 네, 그렇습니다. 가족들의 반대도 심했고요. 그런데 지금 도전하지 않으면 후회할 것 같아서 결심을 하게 됐어요.
여자: 다음 달에 첫 번째 콘서트가 있으시지요?
남자: 네, 이번 대회에서 상을 받은 동료 가수들과 함께 콘서트를 하기로 했어요.

29 选择男子辞去医生工作的理由。（3分）
④ 想挑战一下，成为一名歌手→男子说现在不挑战一下的话，就可能会后悔，所以下定决心辞去了医生的工作，成了歌手。

30 选择与录音一致的选项。（4分）
① 男子每个月都举办演唱会。→男子下个月举办第一次演唱会。
② 男子10年前成了歌手。→男子从事了10多年医生工作。
③ 男子一直把演奏乐器当作爱好。
④ 男子要和家人一起唱歌。→男子要和在此次比赛中获奖的公司其他歌手一起举办演唱会。

阅读 (31~70)

答案

31	32	33	34	35	36	37	38	39	40
②	④	①	③	②	④	③	①	④	④
41	42	43	44	45	46	47	48	49	50
②	①	③	②	④	①	③	③	②	④
51	52	53	54	55	56	57	58	59	60
①	②	②	③	④	①	③	②	②	④
61	62	63	64	65	66	67	58	69	70
③	①	②	③	④	③	③	④	①	④

解析

※ [31~33] 这是关于什么的内容？仿照示例选择正确答案。（各2分）

31
"포도（葡萄），수박（西瓜）"都属于"과일（水果）"。

32
文中出现了"식당에서 일하다（在餐厅工作），요리를 하다（做菜）"，这是在介绍"요리사（厨师）"这一"직업（职业）"。

33
"거실（客厅），방（房间）"都是"집（家）"里的空间。

※ [34~39] 仿照示例选择适合填入（　　）中的选项。

34 （2分）
可以"책을 삽니다（买书）"的地方是"서점（书店）"。

35 （2分）
"우산을 쓰다（打伞）"是固定搭配。

36 （2分）
因为每天都打扫，所以"방이 깨끗합니다（房间很干净）"。

37 （3分）
我是学生，"이제（现在，如今）"要毕业了。

38 （3分）
"人+에게/한테 보내다（给某人送），地点+에/(으)로 보내다（往某地送）"是固定搭配。今天是姐姐的生日，我"언니에게（给姐姐）"送了礼物。

39 （2分）
上午9点开始上课，所以早上要"일찍 일어납니다（早起）"。

※ [40～42] 阅读给出的内容，选择错误的选项。（各3分）

40
④ 每周四都有聚会。→9月只在第二个和第四个周四有聚会。

41
② 一个口罩2000韩元。→一包有两个口罩，一共2000韩元，所以一个口罩1000韩元。

42
① 沙拉在图书馆前面。→娜英给沙拉发信息，让她下课后来图书馆前面。

※ [43～45] 选择与给出的内容一致的选项。

43　（3分）
① 我喜欢游泳。→我喜欢旅行。
② 我周末去爬山。→我周末去山、海的附近旅行。
③ 我去旅行时会拍照。
④ 我和朋友们一起去旅行。→我一般独自去旅行。

44　（2分）
① 今天也会下雪。→明天首尔会下雪。
② 从明天上午开始下雪。
③ 明天晚上会下大雪。→明天晚上不下雪。
④ 明天下午不下雪。→降雪会一直持续到明天下午。

45　（3分）
① 每年春天举办庆典。→每年10月，也就是秋天举办庆典。
② 歌手们喜欢学校庆典。→学生们喜欢歌手们的表演。
③ 学生们在庆典上表演。→学生们庆典期间可以观看很多表演。
④ 学生们可以观看歌手们的表演。

※ [46～48] 阅读给出的内容，选择中心思想。

46　（3分）
① 我喜欢一个人运动。→我不喜欢人多的地方，因此一个人在家里边听音乐边运动。

47　（3分）
③ 我夏季休假时会尝试做泡菜。→我想尝试做泡菜，所以这次夏季休假时打算报韩国料

理班。

48 （2分）

③ 公司里有图书馆非常不错。→公司图书馆里有很多有意思的书，也有电脑。我最近一般吃完午饭后过去。

※ [49～50] 阅读给出的内容，回答问题。（各2分）

49　选择适合填入㉠处的选项。

我因为"요즘 바빠서（最近很忙）"，所以几乎"보지 못했습니다/못 봤습니다（没看过）"电影。

50　选择与给出的内容一致的选项。

① 我今天不上班。→我今天上班，只是工作完成得快。
② 我最近时间很多。→我最近很忙，几乎没看过电影。
③ 我一般独自去看电影。→文中没有提到这一内容，只是说我今天和朋友一起去看电影。
④ 我要和朋友一起吃晚饭。

※ [51～52] 阅读给出的内容，回答问题。

51　选择适合填入㉠处的选项。（3分）

副词"그리고（和，跟，并且）"表示并列。㉠前面出现的"不去银行也可以给别人转账"和后面出现的"可以非常轻松地购物"都是用手机可以做的事情。"그러면"表示"那么"，"그러나"表示"可是，但是"，"그래서"表示"因此"。

52　选择短文的主要内容。（2分）

② 手机用途的变化→手机的功能非常多。可以用手机转账、购物，也可以用手机工作、上课。以后可能还可以用手机做更复杂的事情。

※ [53～54] 阅读给出的内容，回答问题。

53　选择适合填入㉠处的选项。（3分）

后面说"要比别人更加小心"，前面应说明需要这样做的情况或条件，并且文中提到了"겨울（冬天）"，所以㉠处应该填入"추워지면（如果变冷）"。

54　选择与给出的内容一致的选项。（3分）

① 我的皮肤很脆弱。→冬天一直待在干燥的室内对皮肤不好。
② 我经常买厚衣服。→我冬天穿厚衣服。

③ 我冬天一般在室内。
④ 我不怎么见其他人。→文中没有提到这一内容，只是说如果天气变冷了，我就必须比其他人更小心，尤其是冬天也会少出门。

※ [55～56] 阅读给出的内容，回答问题。

55 选择适合填入㉠处的选项。（2分）
后面出现了"很多人为了欣赏大学生画在墙上的画儿来这个村子旅行"这一内容，所以㉠处应该填入"그린 그림이 유명해져서（画的画儿出名了）"。

56 选择与给出的内容一致的选项。（3分）
① 这个村子适合人们来旅行。
② 这个村子大学生很多。→文中没有提到这一内容，只是说大学生来这个村子旅行时画了画儿。
③ 人们想在村子里生活。→文中没有提到这一内容。
④ 人们来旅行时会尝试做食物。→村民们会为来旅行的人们准备食物。

※ [57～58] 选择正确的排列顺序。

57 （3分）
(나) 要想和别人快速亲近起来，应该多和对方进行对话交流。
(가) 但是对话的方法和内容很重要。
(라) 有些人不听对方说话，只想说自己的事情。
(다) 如果用那样的方法，即使和对方对话交流很多次，也很难与其亲近起来。

58 （2分）
(가) 最近骑自行车上下班的人增多了。
(라) 因为骑自行车的话，可以在移动时与人们保持距离，也可以锻炼身体。
(나) 不过骑自行车上下班时最好穿亮色的衣服。
(다) 那样的话，开车的人就能更清楚地看到骑自行车的人。

※ [59～60] 阅读给出的内容，回答问题。

59 选择给出的句子适合插入的位置。（2分）
我"처음에는 선생님을 따라 하기가 아주 힘들었습니다（一开始很难跟上老师的动作）"，但是现在都可以自己在家做了。

60 选择与给出的内容一致的选项。（3分）
① 我在培训班里教瑜伽。→我在培训班里学瑜伽。
② 我不想在瑜伽班学习了。→文中没有提到这一内容。
③ 我喜欢独自运动。→文中没有提到这一内容，只是说我可以自己在家做瑜伽。
④ 我是从一年前开始学的瑜伽。

※ [61～62] 阅读给出的内容，回答问题。（各2分）

61 选择适合填入㉠处的选项。

"나이가 ~살이 넘었다"表示"年龄超过多少岁，多少岁以上"。爷爷虽然70多岁了，但是现在仍在开出租车。

62 选择与给出的内容一致的选项。
① 爷爷还在工作。
② 我经常坐爷爷的出租车。→文中没有提到这一内容。
③ 下雨或下雪的话，爷爷就无法开出租车了。→我希望爷爷下雨或下雪时能在家休息，不要开车了。
④ 爷爷心里不安的话，就不开车。→文中没有提到这一内容，只是说下雨或下雪时，我会因为担心爷爷而心里不安。

※ [63～64] 阅读给出的内容，回答问题。

63 选择写这篇文章的原因。（2分）
② 为了告诉大家比赛有变化→游泳中心负责人说游泳池出了问题，这周六的比赛无法举行了，还说他会在周五之前把新的比赛日期和地点以短信形式发给大家。

64 选择与给出的内容一致的选项。（3分）
① 只想变更游泳比赛的日期。→想变更比赛的日期和地点。
② 下周六有游泳比赛。→周五之前通知新的比赛日期和地点。
③ 这周六无法使用游泳池。
④ 要想参加游泳比赛，就必须发送短信报名。→这则信息是发给已经报名参加游泳比赛的人的。

※ [65～66] 阅读给出的内容，回答问题。

65 选择适合填入㉠处的选项。（2分）

"-기 위해(서)/위하여"表示目的。把店装饰得很漂亮、把商品包装得很干净都是为了让更多的客人来市场购买东西。

66　选择与给出的内容一致的选项。（3分）

① 最近人们喜欢传统市场。→最近人们一般去大超市买东西。
② 历史悠久的市场一般在大超市旁边。→文中没有提到这一内容。
③ 市场发生变化后，来的人多了。
④ 大超市的商品包装得不干净。→文中没有提到这一内容，只是说市场里商店的主人把商品包装得更干净了。

※ [67～68] 阅读给出的内容，回答问题。（各3分）

67　选择适合填入㉠处的选项。

人们从很久以前开始就用面条来招待前来参加婚礼或生日宴的客人们，因为长长的面条有"오랫동안 잘 살기를 바라는（祝愿长寿）"的寓意。

68　选择与给出的内容一致的选项。

① 韩国人最喜欢面条。→文中没有提到这一内容。
② 面条是只在特殊日子吃的食物。→文中没有提到这一内容，只是说面条在婚礼、生日宴等特殊日子被用来招待客人。
③ 很久以前因为价格贵，人们很难吃上面条。→文中没有提到这一内容。
④ 现在去参加婚礼的话，也可以吃到面条。

※ [69～70] 阅读给出的内容，回答问题。（各3分）

69　选择适合填入㉠处的选项。

后面说"금방 더 큰 화분으로 옮겨 주었습니다（马上将番茄移到了更大的花盆里）"，还说"이렇게 열매가 생기는 식물은 처음 키워 보았는데（第一次种植这种结果实的植物）"，因此㉠处应该填入"열매도 많이 생겨서（因为也结了很多果实）"。

70　选择与给出的内容一致的选项。

① 我厨艺很好。→文中没有提到这一内容。
② 我种植了很多植物。→我现在种植了番茄，以后想种植辣椒或生菜等。
③ 我喜欢家里的东西。→文中没有提到这一内容，只是说我觉得在家里种植番茄很有意思。
④ 我以前没有种植过番茄。